Klaus-J. Fink

Bei Anruf Termin

Klaus-J. Fink

Bei Anruf Termin

Telefonisch neue
Kunden akquirieren

2. Auflage

GABLER

Bibliografische Information Der Deutschen Bibliothek
Die Deutsche Bibliothek verzeichnet diese Publikation in der Deutschen
Nationalbibliografie; detaillierte bibliografische Daten sind im Internet über
<http://dnb.ddb.de> abrufbar.

1. Auflage 1999
2. Auflage 2002
1. Nachdruck Februar 2003

Alle Rechte vorbehalten
© Betriebswirtschaftlicher Verlag Dr. Th. Gabler GmbH, Wiesbaden 2002

Lektorat: Margit Schlomski

Der Gabler Verlag ist ein Unternehmen der Fachverlagsgruppe BertelsmannSpringer.
www.gabler.de

Umschlaggestaltung: Nina Faber de.sign, Wiesbaden
Satz: Satzwerk, Dreieich
Druck und buchbinderische Verarbeitung: Wilhelm & Adam, Heusenstamm
Gedruckt auf säurefreiem und chlorfrei gebleichtem Papier
Printed in Germany

ISBN 3-409-21476-3

Vorwort

Telefonmarketing war in den 80er und 90er Jahren des zwanzigsten Jahrhunderts noch relativ unbekannt. Jetzt, im dritten Jahrtausend, ist Telefonmarketing in nahezu jeder Branche und jedem Unternehmen tagtäglich im Einsatz.

Das alles macht das Geschäft der Telefonakquise nicht gerade einfacher. Hörten früher die Telefonverkäufer häufig die Aussage: „Wie kommen Sie an meine Adresse?", ist heute einer der Standardeinwände: „Sie sind bereits der fünfte in diesem Monat, der uns zu diesem Thema anruft!" So gerne das Telefon als Kommunikationsmedium auf beiden Seiten – sowohl von Unternehmern (Neukundengewinnung, Terminvereinbarung u. a.) als auch von den Kunden (Bestellungen, Reklamationen) – genutzt wird, so aufreibend können unzählige Anrufe zu immer gleichen Themen sein.

Deshalb hat sich auch das Berufsbild des Telefonverkäufers bzw. Akquisiteurs, neudeutsch Call-Center-Agent genannt, zwischenzeitlich verselbständigt. Nicht nur neu gegründete Unternehmen bieten ihren Kundenservice etc. per Telefon an, selbst konservative Anbieter wie Industrie- und Handelskammern haben separate Ausbildungsgänge. Dies alles zeugt davon, dass das Thema Telefonmarketing in der Unternehmens- und vor allem in der Vertriebsstruktur längst eine feste Größe geworden ist.

In einem Call-Center zu arbeiten, bedeutet mehr, als nur „ein wenig telefonieren", wie sich das so mancher denken mag. Die Anforderungen an Personen, die im Telefonmarketing arbeiten, sind immens gestiegen. Neben einer guten Rhetorik wird heute auf Grund der Reizüberflutung in vielen Märkten eine hohe psychische Stabilität von den Mitarbeitern gefordert, um die hohe Ablehnungsquote überhaupt verarbeiten zu können.

Doch warum setzen viele Firmen auf das Telefon und nicht auf den persönlichen Kontakt? Zum Teil ist es – wie so vieles – eine Frage des

Geldes. Was kostet es, wenn ein Kundenberater zu einem hundert Kilometer entfernten Kunden fährt, nur um ihm sein Produkt vorzustellen, das er am Ende gar nicht verkauft ? Einen Haufen Geld. Hat der Kunde jedoch die Möglichkeit, sich telefonisch von einem Produkt ein Bild zu machen, kostet es die Firma nur einen Bruchteil dessen, was für einen persönlichen Termin aufgewendet werden müsste.

Die Kosten für einen Kundenbesuch vor Ort steigen seit Jahren (Benzinpreise!), sodass der Kundenkontakt per Telefon ergänzend oder auch zur Anbahnung eines völlig neuen Geschäftskontakts in den nächsten Jahren noch weiter an Bedeutung gewinnen wird. Viele Branchen klagen über immer geringere Gewinnmargen, sodass es sich zum Teil, betriebswirtschaftlich betrachtet, gar nicht mehr lohnt, den persönlichen Kontakt vor Ort mit dem Kunden zu pflegen. Hier kommt das Telefon immer mehr zum Einsatz, um nicht nur über Korrespondenz, sondern über die persönliche Ansprache die Bindung zu intensivieren (Service-Calls).

In den nächsten Jahren wird natürlich die technische Vernetzung von Telefonmarketing und Internet sowie Telefax und E-Mail noch stärker in die Vertriebslandschaft integriert werden. Gut, wenn ein Unternehmen in diesem Bereich für die Zukunft gerüstet ist – sowohl technisch als auch personell mit gut und speziell dafür ausgebildeten Mitarbeitern.

Als ich selbst während meines Jurastudiums begann, in einem Call Center für die Akquise von Kapitalanlagen tätig zu sein, gab es nahezu keine deutschsprachige Literatur zum Bereich Neukundenakquise per Telefon. Das fiel mir vor allem deshalb auf, weil ich es als Student gewohnt war, neue Themenbereiche anhand von Büchern zu recherchieren und mich so einzuarbeiten.

Zwischenzeitlich haben viele Kolleginnen und Kollegen zum Thema Telefonmarketing Bücher veröffentlicht. Gleichzeitig ist gerade die telefonische Terminvereinbarung immer noch eine Lücke, die in den meisten Publikationen in nur wenigen Sätzen abgehandelt wird. Die folgenden Seiten sollen helfen, diese Lücke zu schließen. Sie richten sich an Verkäufer und Call-Center-Mitarbeiter, die das Telefon als Akquiseinstrument noch professioneller nutzen und ihre Erfolgsquote bei der Terminvereinbarung erhöhen möchten.

Persönliche Erfahrungen aus vielen tausend selbst geführten Telefonaten zur Terminabsprache mit potenziellen Kunden sind in diesem Buch berücksichtigt worden. Diese Erfahrungen habe ich zu einem großen Teil bei der bedeutendsten Vertriebsgesellschaft für steuerbegünstigte Kapitalanlagen gesammelt, welche den Markt Anfang der 80er Jahre des zwanzigsten Jahrhunderts bestimmt hat.

Die erste Auflage des Buches ist 1999 erschienen – die Resonanz ist bis heute durchweg positiv und zeigt, wie anhaltend wichtig das Thema ist. Die vorliegende Neuauflage wurde punktuell aktualisiert und fasst am Ende noch einmal die zentralen Erfolgsfaktoren der Telefonakquise zusammen.

Ihnen, liebe Leser, wünsche ich nach Lektüre dieses Buches eine deutliche Steigerung Ihrer vereinbarten Verkaufstermine!

Mit besten Wünschen Ihr

Klaus-J. Fink   „Auf Wiederhören!" Tututut …

Inhalt

1. Bedeutung der Akquise

Eine der wichtigsten Voraussetzungen für eine erfolgreiche verkäuferische Tätigkeit ist die Fähigkeit zur Akquise. Akquise ist lernbar – die folgenden Kapitel werden Ihnen die wichtigsten Informationen und alle Grundsätze liefern, die Sie für die Entwicklung Ihrer ganz persönlichen Strategie brauchen.

Viele Verkäufer, insbesondere in harten Verdrängungsmärkten, waren in der Vergangenheit gezwungen, sich beruflich zu verändern, weil sie den größten Engpass – nämlich die genügende Anzahl von qualifizierten Verkaufsterminen – nicht beheben konnten. Die hohe Fluktuation im Vertrieb, insbesondere in Multi-Level-Marketing-Gesellschaften, ist darauf zurückzuführen, dass der Verkäufer nicht in der Lage ist, über die ursprünglich vorhandenen Kontakte im Freundes- und Bekanntenkreis hinaus neue Kontakte zu akquirieren. Folglich scheitert er an dieser Aufgabe. Inzwischen gibt es Unternehmen, die ihre Mitarbeiter durch den Einsatz unternehmensinterner Call Center unterstützen, um eine genügende Anzahl von Verkaufskontakten bereitzustellen. Diese Methode hat Vor- und Nachteile: Viele Mitarbeiter der mit Call Center arbeitenden Vertriebsabteilungen verlassen sich zu sehr auf diese Unterstützung und leben in dem Irrglauben, dass sie „nur noch verkaufen müssen". In den Fällen, bei denen der Termin durch das Call Center akquiriert wurde, jedoch nicht zum gewünschten Abschluss führt, tendiert der enttäuschte Verkäufer dazu, die Qualität des gelieferten Termins anzuzweifeln. Gerade wir Verkäufer neigen bekanntlich dazu, die Gründe für Misserfolg eher bei den anderen zu suchen als bei uns selbst. Tatsächlich kommt es immer wieder vor, dass das Akquisetelefonat nicht qualifiziert genug geführt wurde und der potenzielle Kunde zum Beispiel gar nicht weiß, worum es bei dem Termin überhaupt geht. Solche Situationen entstehen, wenn der Akquisiteur so hartnäckig ist, dass sich der Angerufene kaum wehren kann und quasi zu einem Termin überredet wird. Ist bei einem solchen Akquisetelefonat dann auch noch vereinbart worden, dass der Außendienstmitarbeiter lediglich einmal Unterlagen abgibt und das Gespräch ohnehin völlig kostenlos und unverbindlich ist, dann ist die Frustrationsgrenze des Verkäufers bald erreicht.

Die Unterstützung der Vertriebsmitarbeiter durch unternehmensinterne oder externe Call Center, ist durchaus sinnvoll, wenn diese Aufgabe professionell gehandhabt wird. Eine weitere Voraussetzung für den Erfolg dieser Arbeitsteilung besteht darin, dass die Logistik ein gutes Zusammenspiel zwischen Telefonakquisiteur und Verkäufer gewährleistet. Jeder Außendienstmitarbeiter sollte sich allerdings der Tatsache bewusst sein, dass es für ihn fatal sein kann, wenn er sich ausschließlich auf dieses Zuliefern von Terminen verlässt, da er sich auf diese Weise letztlich in eine Abhängigkeit begibt, die der eigenen Akquise irgendwann unüberwindbar im Weg stehen wird.

Für viele Verkäufer hat die Akquise – und damit das Telefonieren – immer noch etwas fast Dämonisches. Mein Kollege Dr. Christian Altmann hat es einmal folgendermaßen beschrieben: „Viele Verkäufer stellen sich lieber für dreißig Minuten unter eine kalte Dusche als dreißig Minuten kalt zu akquirieren." Gründe für diesen Frust – und damit auch Mittel und Wege, diese zu überwinden – werden in den nachfolgenden Kapiteln eingehend thematisiert. Dabei werden Sie schnell merken: Alleine schon die Auseinandersetzung mit den eigenen Blockaden ist der beste Weg, sie zu überwinden.

Sie werden sicher zustimmen: Auch wenn Sie eine noch so charismatische Ausstrahlung besitzen, in Ihrer Präsentationstechnik perfekt sind, über eine hohe Identifikation mit Ihrem Produkt und Ihrem Unternehmen verfügen und auch noch die Fähigkeit haben, den Kunden zielsicher zum Abschluss zu führen, haben Sie ohne Termin keine Chance, diese verkäuferischen Stärken einzusetzen! Die gängige Literatur zum Thema Verkauf, die derzeit auf dem Markt zu finden ist, setzt immer noch meistens in der Situation ein, die nach der Terminvereinbarung eintritt, nämlich beim Kunden vor Ort. Das heißt, in einer Situation, in der Sie nach den obligatorischen Fragen „Haben Sie gut hierher gefunden?" und „Möchten Sie eine Tasse Kaffee oder lieber ein Kaltgetränk?" bereits direkt in Ihr Verkaufsgespräch einsteigen können und die Abschlusswahrscheinlichkeit recht hoch ist. Das liegt daran, dass einer Terminvereinbarung heutzutage nur noch bei tatsächlich vorhandenem Interesse zugestimmt wird. Ob dieses Interesse nun ausgeprägt oder latent vorhanden ist, werden Sie vor Ort schnell feststellen. Die Reizüberflutung von Kunden hat in den letzten Jahren so beträchtlich zugenommen, dass es immer schwieriger wird, einen Termin zu plazieren. War die gezielte telefonische Ansprache vor Jahren in vielen Branchen noch ein Novum, so hat sich das inzwischen vollkommen geändert: Immer öfter hört man die Aussage „Sie sind schon der Fünfte, der mich in dieser Sache anruft!" Gerade deshalb ist es wichtig, seine Akquisetelefonate strategisch vorzubereiten und sich von anderen Anrufern abzuheben.

In Zukunft wird sich auf diesem Markt nur noch der Verkäufer und Akquisiteur am Telefon durchsetzen, der dieses Thema professionell angeht und sich auf seine Tätigkeit am Telefon systematisch vorbereitet. Das hat natürlich nichts mit dem Abspulen von Standardfloskeln oder mit dem Auswendiglernen von Telefonskripten zu tun, sondern damit, anhand der angebotenen Bausteine und durch die Arbeit an der persönlichen inneren Einstellung seine eigene authentische verkäuferische Persönlichkeit zu trainieren.

Denn darum geht es letztlich: um die Fähigkeit des Verkäufers, seine Authentizität zu vermitteln, psychologisch und rhetorisch geschickt auf Standardsituationen zu reagieren und so auf den Dialog gezielt Einfluss zu nehmen.

Kundengruppen

Sie wissen aus der Praxis, dass der Anspruch, aus jedem telefonischen Kontakt einen Neukunden gewinnen zu wollen, mehr als vermessen ist. Eine gewisse Anzahl von potenziellen Kunden wird auch durch die beste Telefonrhetorik nicht dazu zu bewegen sein, einem persönlichen Kennenlernen zuzustimmen. Dennoch können Sie Ihre Chancen, bestimmte Kontakte in konkrete Terminvereinbarungen umzuwandeln, wesentlich steigern. Dabei hilft die Unterteilung der von Ihnen zu akquirierenden Zielgruppe in drei Teilgruppen, die sich am Telefon relativ schnell unterscheiden lassen (siehe Abbildung unten).

1. Teilgruppe: die so genannten Zuläufer oder Jasager

Ein Anruf bei einem so genannten Jasager verläuft nach einem einfachen Schema. Sie rufen an, umreißen Ihr Thema kurz und prägnant und haben den Termin schon in der Tasche: als ob der Kunde nur auf Sie gewartet hätte. Im günstigen Fall liegt es daran, dass der richtige Zeitpunkt mit der richtigen Person zu einem aktuellen Thema zusammen-

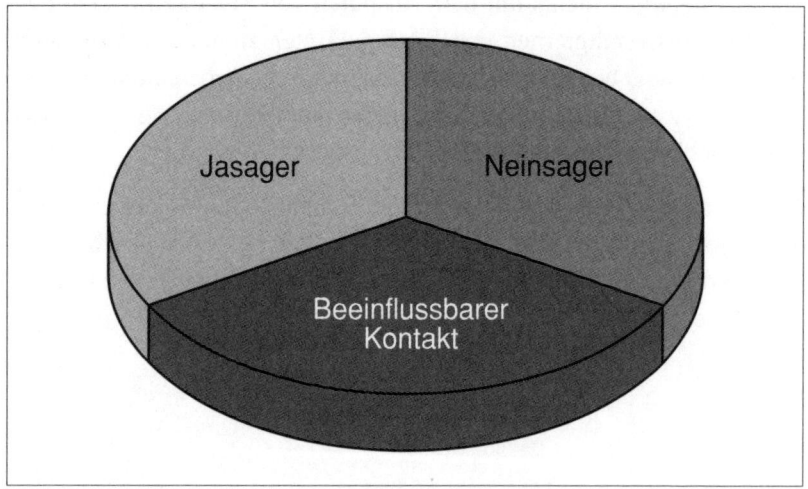

getroffen sind. Die augenblickliche Situation in den meisten Märkten zeigt allerdings, dass dieser Personenkreis der „Zuläufer" ausgesprochen klein ist. Für diese Kundengruppe ist eine verkäuferische Ausbildung quasi überflüssig. Das Thema wird geradezu im Plauderton vorgestellt, Widerstände sind – wenn überhaupt – nur sehr schwach vorhanden und leicht zu überwinden. Bereits nach einem kurzen Gespräch kann das gewünschte Ergebnis fixiert werden. Wie Sie selbst vielleicht schon erfahren haben, sind gerade diese „Zuläufer" zwar sehr schnell zu einem Termin zu bewegen, erscheinen dann aber oft nicht zu dem vereinbarten Treffen. In einem solchen Gespräch hat der Überzeugungsprozess nicht stattgefunden, das heißt, die Wertigkeit des vereinbarten Termins ist relativ gering ausgeprägt und der Termin fällt deshalb leicht „unter den Tisch".

2. Teilgruppe: die rigorosen Neinsager

Der rigorose Neinsager unterbricht Sie manchmal schon während Ihrer Gesprächseröffnung bzw. gibt Ihnen spätestens innerhalb der ersten dreißig Sekunden des Gesprächs zu verstehen, dass Sie bei ihm auf Granit beißen und auch mit höchstem verkäuferischen Einsatz eine Terminabsprache absolut ausgeschlossen ist. Für diese Gruppe können Sie noch so viele Telefonseminare besuchen, Ihre Gesprächseröffnungen optimieren und Ihre Einwandbehandlungen trainieren – einen Terminabschluss werden Sie nicht erzielen. Diese Neinsager haben entweder schlechte Erfahrung mit Telefonakquise gemacht, die Sie vielleicht auch zu hören bekommen, oder es besteht schon seit Jahren eine Geschäftsbeziehung zu einem Ihrer Kollegen, die sich aufs beste bewährt hat. Hier ist also überhaupt kein Motiv vorhanden, einen weiteren Kontakt aufzubauen. Die Anzahl der Neinsager ist in den letzten Jahren stetig gewachsen. Das mag zum Teil auch darin begründet sein, dass das Thema Telefonakquise aus der früheren „wilden" Zeit des Warenterminhandels immer noch stark mit negativen Gefühlen besetzt ist.

Wichtig in diesem Zusammenhang ist – und auf dieses Thema wird später noch weiter eingegangen –, dass Sie eine solche strikte Zurückweisung niemals persönlich nehmen. Hier sollte immer die Erkenntnis im Vordergrund stehen, dass es unmöglich ist, von allen Angerufenen mit offenen Armen empfangen zu werden. Machen Sie sich immer wieder klar: *Diejenigen, die am Telefon einem Termin mit Ihnen zustimmen, tun dies, weil Sie in Ihrer Art, in Ihrer Persönlichkeit und Ihrer Rhetorik am Telefon genau so sind, wie Sie eben sind. Aus dem gleichen Grund, weil Sie (als Verkäufer) so sind, wie Sie sind, stimmen andere potenzielle Kunden einem persönlichen Kennenlernen nicht zu.* Nehmen Sie also die Ablehnung eines Termins nicht persönlich, denn dann müssten Sie ja auch beginnen, jedes Ihrer Erfolgserlebnisse zu hinterfragen – und wo wäre da der Sinn?

3. Teilgruppe: die beeinflussbaren Kontakte

Das ist für Sie die interessanteste Gruppe: Das sind diejenigen, bei denen ein Überzeugungsprozess stattfinden kann und die am Ende des Telefonats sagen: „O. K., ich höre mir das mal an. Ich bin sehr gespannt darauf, was Sie mir zeigen wollen. Aber bitte: Versprechen Sie sich nicht zuviel von unserem Gespräch!" Die Erfahrung zeigt, dass ein solcher Termin qualitativ viel höher zu bewerten ist als ein Termin mit einem der so genannten Jasager. In der Kommunikation mit Gesprächspartnern, die als „beeinflussbarer Kontakt" einzuschätzen sind, ist der gekonnte Dialog mit dem potenziellen Kunden entscheidend für Erfolg oder Misserfolg.

Was nützt es, wenn Ihnen – wie so vielen anderen auch immer wieder – die schlagfertigsten Argumente, gepaart mit Witz und verkäuferischer Nutzenargumentation, in der Sekunde einfallen, in der Sie den Hörer aufgelegt haben? Genau so wenig wie dieses „Beinahe hätte ich einen Termin bekommen!", denn wir alle wissen, dass dieses *„beinahe"* lediglich einen zweiten Platz bedeutet, der im Vertrieb nicht honoriert

wird. „Ich habe den Termin bekommen!" ist das Einzige, was zählt –
und dieses Ziel wird von verschiedenen Erfolgsfaktoren bestimmt, die
Sie selbst wesentlich beeinflussen können.

„Bei Anruf Termin" stellt diese Erfolgsfaktoren vor und gibt Ihnen Methoden und Strategien zur Hand, mit denen Sie Ihr Ziel selbstbestimmt
erreichen und Ihr persönliches Abschlussverhältnis am Telefon optimieren können.

Zusammenfassung

1. Die genügende Anzahl von Verkaufsterminen ist einer der größten Engpässe des Verkäufers.

2. Konzentrieren Sie Ihre persönliche Energie maßgeblich darauf,
   eine ausreichende Anzahl von Verkaufsterminen zu erhalten!

2. Die vier Erfolgsfaktoren für eine professionelle Telefonakquise

Betrachten Sie das Thema „Telefonische Terminvereinbarung" einmal aus einer ganz anderen Perspektive: Konzentrieren Sie sich nicht ausschließlich auf den Gesprächsverlauf und auf die so genannte Telefonrhetorik – Themen, die in diesem Buch noch ausführlich behandelt werden –, sondern auf die Phase vor dem Telefonat: Denn der spontane und unvorbereitete Griff zum Telefonhörer führt selten zum Erfolg. Nutzen Sie den Vorteil, dass Sie sich Ihre Tätigkeit selbst einteilen können: Sie können den Zeitpunkt des Telefonats selbst planen und sich optimal auf das Terminvereinbarungsgespräch vorbereiten. Die folgenden Ausführungen werden Ihnen dabei helfen.

Erfolgsfaktor 1: Die positive Grundeinstellung

> *„Das Match wird zwischen*
> *den Ohren gewonnen."*

Für den Telefonverkäufer bedeutet diese Aussage Boris Beckers: Der Termin wird zwischen den Ohren gemacht! Haben Sie einmal darauf geachtet, was sich bei Ihnen „zwischen den Ohren" abspielt, bevor Sie zum Telefonhörer greifen und in das Akquisetelefonat einsteigen? Haben Sie sich schon einmal dabei beobachtet, dass Sie anstehende Telefonate, zum Beispiel von Ihrem Büro für Sie notierte Rückrufe, nach Ihrer ganz persönlichen Vorliebe und nach Ihrem Wohlwollen selektieren? Oder gehören Sie vielleicht doch zu den ganz wenigen, die eine kleine Rückrufliste von acht bis zehn Namen systematisch nach der angeführten Reihenfolge abarbeiten? Wahrscheinlich nicht – die meisten von uns bewahren sich den unangenehmsten Kontakt bis zum Schluss auf!

Wenn also schon bei einer so einfachen Aufgabe persönliche Empfindungen, Erfahrungen und Vorurteile miteinfließen, ist leicht vorstellbar, um wieviel stärker sich dieses Phänomen auf die telefonische Neukundengewinnung auswirkt. Die Erfahrung zeigt, dass jeder Verkäufer eine oder mehrere Stresszielgruppen hat. Viele meiner Seminarteilnehmer bestätigen immer wieder, dass zum Beispiel die Gruppe der Lehrer oder auch der Rechtsanwälte und Ingenieure sich am Telefon nur sehr schwer zu einem Verkaufstermin bewegen lässt. Diese Vorbehalte sind zum Teil so stark, dass sie zur Einstellung führen: „Die brauche ich gar nicht erst anzurufen, da bekomme ich sowieso keinen Termin!".

Kennen Sie diese Situation? Welche Berufs- bzw. Kundengruppe haben Sie bisher vernachlässigt, weil sich aus der Verkaufspraxis solche Vorbehalte ergeben haben? Legen Sie Ihre Vorbehalte ab und gehen Sie positiv auf *alle* Kunden zu! Eine positive Einstellung ist für einen Vertriebsmitarbeiter geradezu Grundvoraussetzung, um Erfolg zu haben.

Versuchen Sie zunächst einmal, ganz neutral an einen Telefonkontakt heranzugehen. Klopfen Sie sich nach dem Telefonat mit einem äußerst schwierigen, widerspenstigen Kunden selbst auf die Schulter und beglückwünschen Sie sich: „Wenn ich mit so einer Gegenwehr umgehen kann und in der Lage bin, mit so einem Gesprächspartner noch einen guten Dialog zu führen, werde ich mit den üblichen Kunden in jedem Fall ein glänzendes Telefonat führen!".

Eine positive Programmierung dieser Art kann Wunder wirken, und sie funktioniert ebenso gut, wenn es um das Festlegen des Anrufzeitpunktes geht. Oft hört man in diesem Zusammenhang, dass acht oder neun Uhr morgens auf jeden Fall zu früh, die Mittagszeit nicht geeignet und am frühen Abend jeder bereits auf dem Heimweg ist. Außerdem ist der Jahresanfang ein äußerst schlechter Zeitpunkt, da bekanntlich viele Selbständige mit der Inventur beschäftigt sind und andere genau dann in den Skiurlaub fahren. An den Osterfeiertagen ist ohnehin niemand zu erreichen und im Mai nutzen viele die Gelegenheit zu Kurzurlauben.

Und am wenigsten sinnvoll ist Telefonakquise überhaupt im allgemein bekannten und oft zitierten Sommerloch.

Machen Sie sich von diesen Vorstellungen frei! Denn es sind diejenigen Verkäufer, die den Glauben an ein Sommerloch „zwischen ihren Ohren" haben, die dieses Sommerloch in der Praxis dann tatsächlich auch erfahren. Natürlich ist es etwas mühsamer, sein erforderliches Terminkontingent in den Monaten Juli oder August zu erreichen. In Wirklichkeit sieht es jedoch auch nicht so aus, dass in diesen Monaten alle potenziellen Kunden fluchtartig ihren Wohnsitz verlassen und damit telefonisch unerreichbar sind. Erhöhen Sie die Anzahl der Wählversuche, dann werden Sie das gleiche Ergebnis erzielen wie außerhalb der Urlaubsmonate! Der erste Versuch wird Ihnen meistens nur das Ergebnis bringen, dass Sie erfahren, wann Ihr gewünschter Gesprächspartner zu erreichen ist. Machen Sie weiter! Sagen Sie sich als Profi: „Es ist *immer* eine gute Zeit zum Telefonieren!", dann werden Sie genau diese Erfahrung machen. Und denken Sie an ein weiteres Zitat von Boris Becker: „Der Aufwand wird höher, die Siege fallen schwerer, dafür erhält man aber eine umso größere Befriedigung."

Der Faktor „Richtiger Zeitpunkt" ist nur eine der Komponenten, die dazu führen, dass das Telefonieren mit viel Frust verbunden sein kann und viele Verkäufer tausend Dinge lieber erledigen als konsequent einige Stunden zu telefonieren und so ihr Terminbuch zu füllen. Der Umgang mit dieser Frustration am Telefon ist immer wieder ein wichtiges Thema für uns. Die beste Gesprächseröffnung und die beste Einwandbehandlung nützen nichts, wenn der Verkäufer das Telefonat schon vor dem Telefonat gegen sich entschieden hat und erst gar nicht zum Hörer greift! Der Grund liegt auf der Hand: Auch der beste Telefonakquisiteur muss – im Vergleich zu seinen Erfolgserlebnissen – mit unverhältnismäßig viel Ablehnung umgehen können. Die Chance, nach dem ersten Wählversuch den gewünschten Gesprächspartner zu erreichen, ist deutlich geringer als die Chance, mit dem Anrufbeantworter oder mit Ausflüchten der Sekretärin vorlieb nehmen zu müssen. Gerade bei der

Telefonakquise durchlebt der Verkäufer in kürzester Zeit immer wieder das Spannungsverhältnis zwischen dem Nichterrcichen der Zielperson und direkter Ablehnung gegenüber dem Terminvorschlag. Die hohe Sensibilität, die von uns Verkäufern verlangt wird, kann hier zum Verhängnis werden, wenn wir diese Ablehnung (zu) persönlich nehmen. Oft bezieht der Anrufer die Zurückweisung auf sich selbst und fühlt sich zurückgesetzt. Daraus kann sich mit verstärkter Tätigkeit ein regelrechtes „Störenfried-Syndrom" entwickeln, das heißt der Verkäufer sieht sich selbst immer mehr in der Rolle desjenigen, der ungebeten auf andere zugeht.

Setzen Sie sich mit dieser Frustration auseinander – sie ist ein Teil Ihres Berufs! Je bewusster Sie sich dessen sind, dass diese Frustration nur die Kehrseite Ihres Erfolgs darstellt, desto leichter wird es Ihnen fallen, schwierige Phasen und Situationen zu überwinden.

Für manchen Verkäufer kann der Telefonhörer zentnerschwer werden. Er kann durch nicht bearbeitete Frustration an den Punkt gelangen, an dem er fünf bis sechs Mal das Rufzeichen abwartet und dann ganz schnell den Hörer einhängt, weil die Möglichkeit besteht, dass der Gesprächspartner beim siebten Klingelzeichen an die Strippe geht und er wieder mit Ablehnung konfrontiert wird. Kein Wunder, dass manchmal sogar lieber Besuchsberichte oder andere administrative Tätigkeiten erledigt werden, nur um dieser leidigen Telefonakquise zu entgehen! Lassen Sie es erst gar nicht so weit kommen! Die Anforderungen an die psychische Stabilität eines Verkäufers werden nicht geringer werden, im Gegenteil: Mit der höheren Verbreitung von Anrufbeantwortern bei Privatpersonen und mit der steigenden Tendenz zu kritischem Nachfragen bei Sekretärinnen in der gewerblichen Akquise erhöht sich der Aufwand generell, um überhaupt in das Telefonat mit der Zielperson einsteigen zu können.

Außendienstmitarbeiter, die es seit Jahren gewohnt sind, ihre Persönlichkeit im Gespräch vor Ort miteinzubringen, bestätigen immer wieder, dass sie sich am Telefon wie amputiert fühlen, da sie sich auf das akustische Signal beschränken müssen. Körpersprachliche Signale der Beteiligten und vorbereitetes Präsentationsmaterial kommen bei der telefonischen Akquise nicht zum Tragen. Es ist deshalb verständlich, dass nur wenige langjährig erfolgreiche Außendienstprofis zu einer stärkeren Nutzung des Instruments Telefon motiviert werden können; Telefonverkäufer hingegen sehen durchaus eine Bereicherung darin, auch Gespräche beim Kunden vor Ort zu führen.

Für (fast) jeden Menschen sind Wohlwollen und Akzeptanz durch unsere Mitmenschen geradezu lebensnotwendig. Wir richten unser Handeln oft bewusst oder auch unbewusst darauf aus, Zuneigung, Anerkennung und Bestätigung von anderen zu erhalten. Der Verkäufer hat sich im Gegensatz dazu für ein Vorgehen entschieden, das diesem Bedürfnis des Menschen zuwiderläuft, da er zwangsläufig immer mehr ablehnende Erfahrungen machen wird als Zustimmung und Anerkennung durch neue oder bestehende Kunden zu ernten. Vergessen Sie deshalb nie: Frustration ist nur die Kehrseite unseres Erfolgs!

Machen Sie sich immer wieder bewusst, dass ein gewisses Potenzial an Ablehnung geradezu Basis der verkäuferischen Tätigkeit ist. Ein großer Teil der Provision kann durchaus als „Schmerzensgeld" für die erlittene Zurückweisung gewertet werden. Josef Frommer, ein erfolgreicher, zwischenzeitlich verstorbener Kollege, hat es treffend auf den Punkt gebracht: „Ein Verkäufer, der sich über das Nein des Kunden beschwert, gleicht einem Arzt, der Unmut zeigt über die Krankheiten seiner Patienten."

Erfolgsfaktor 2: Identifikation mit der eigenen Tätigkeit

> *„Nur wer selbst brennt, kann andere entzünden."*
>
> *Augustinus*

Diese bekannte und oft zitierte Aussage von Augustinus bringt treffend auf den Punkt, dass die Identifikation des Verkäufers mit seiner Tätigkeit und mit dem Produkt eine maßgebliche Voraussetzung für seinen Erfolg ist. Darüber haben Sie bestimmt schon einiges in der Verkaufsliteratur gelesen oder in Seminarveranstaltungen gehört. In der Vertriebslandschaft gilt diese Erkenntnis als alter Hut, trotzdem lohnt es sich, ihr – vor allem in Verbindung mit der Telefonakquise – immer wieder verstärkt Beachtung zu schenken. Denn gerade hier hat der Punkt „Identifikation" eine besondere Dimension, die sich auch in ganz bestimmten Formulierungen des Anrufers widerspiegelt. Lassen Sie mich deshalb die Bedeutung der Identifikation als Sprungbrett für die Telefonakquise etwas näher beleuchten.

Viele Verkäufer sind sich der Endsumme, auf die sich die Kosten für einen Außendienstbesuch belaufen, nicht bewusst. Bei einer Vollkostenrechnung unter Berücksichtigung von Anfahrt zum Kunden und einem akzeptablen Stundensatz ergibt sich für einen Verkaufstermin schnell ein Betrag von einigen hundert Mark. Die Übernahme dieser Kosten durch den Vertriebsmitarbeiter oder durch das entsendende Unternehmen gehört zum „Service am Kunden". Das heißt, Sie bieten dem Kunden auf Ihre Kosten einen Informationsbesuch an, von dem dieser nur profitieren kann. Seien Sie sich bewusst, dass der Kunde *in jedem Fall* aus dem Kontakt zu Ihnen nur Vorteile ziehen kann, selbst wenn der Geschäftsbereich bereits von Wettbewerbern bestens abgedeckt wird. Durch Ihren Besuch bieten Sie dem Kunden die Möglichkeit zu vergleichen. Ein Vergleich im Leistungsangebot verschafft ihm entweder die Bestätigung seiner bisherigen Vorgehensweise oder Anhaltspunkte, den eingeschlagenen Kurs zu ändern. Das heißt, Sie liefern ihm auf jeden Fall wertvolle Informationen!

Seien Sie sich sicher, dass ein persönlicher Kontakt für den Kunden *immer* mit Vorteilen für ihn verbunden ist. Verlegenheitsformulierungen wie „Ich hoffe, ich komme nicht ungelegen.", „Haben Sie mal zwei Minuten Zeit?", „Ich möchte Sie nicht lange aufhalten.", „Ich weiß nicht, ob Sie sich noch an mich erinnern." etc. sind also vollkommen unangebracht, denn diese Formulierungen sind Ausdruck eines schwachen Selbstwertgefühls: Der Anrufer eröffnet das Gespräch als Bittsteller.

Ein Verkäufer mit dem Bewusstsein darüber, dass beide Seiten von der angestrebten Geschäftsbeziehung profitieren können, verfügt über eine starke Identifikation. Er wird das Gespräch nicht mit Verlegenheitsformulierungen, sondern freundlich und selbstbewusst eröffnen – und genau so wird er vom Gesprächspartner auch wahrgenommen.

Es gibt zwei Arten, auf die Aussage „Ich bin in einer Besprechung." des Gesprächspartners zu reagieren: Der Anrufer mit einer schwachen Identifikation wird sofort auf einen späteren Wiederanruf verweisen und sich mit einem schlechten Gefühl verabschieden. Er glaubt, den neuen potenziellen Kunden gestört zu haben. Der Anrufer mit einer ausgesprochen starken Identifikation wird den Hinweis auf eine eben stattfindende Besprechung mit ungefähr folgender Formulierung behandeln: „Ihre Besprechung hat selbstverständlich Vorrang, unter diesen Umständen werde ich mich ganz kurz fassen." Er führt das Gespräch in geplanter und gewohnter Weise fort, da er der Überzeugung ist, dass der Angerufene gar nicht erst an das Telefon gegangen wäre, wenn die Besprechung einen hohen Stellenwert hätte. Als akquirierender Verkäufer sind Sie in diesem Moment der felsenfesten Überzeugung, dass der jetzige Telefonkontakt für Ihren Gesprächspartner wesentlich Gewinn bringender sein wird als das Fortführen der Besprechung im Hintergrund. Bewahren Sie sich jedoch während solcher Telefonate immer Ihre Sensibilität! Bewahren Sie das Gefühl für den richtigen Zeitpunkt, an dem das Gespräch zu beenden ist. Sagt der Gesprächspartner zum Beispiel „Es geht jetzt wirklich nicht – bitte rufen Sie später noch einmal an." ist es angebracht, das Gespräch augenblicklich zu beenden, denn: Mit einem verärgerten Gesprächspartner können Sie keine Geschäfte machen!

Anzeichen und Folge einer schwachen Identifikation ist das „Betteln" nach einem Termin. Die beliebteste „Bettelformulierung" von Außendienstmitarbeitern lautet: „Ich bin dann ohnehin bei Ihnen in der Gegend." Vermeiden Sie solche Formulierungen, denn der Kunde interpretiert sie leicht als mangelndes Interesse an ihm. Er denkt sich als Antwort: „Aha, dem bin ich es also nicht wert, eigens zu mir zu kommen." Geben Sie ihm das Gefühl der Wertigkeit – selbst wenn Sie sich in unmittelbarer Umgebung des Kunden aufhalten: Lassen Sie ihn davon ausgehen, dass Sie einen größeren Anfahrtsweg in Kauf genommen haben, um den Termin mit ihm wahrzunehmen. Das kann sich nur positiv auf das gewünschte Ergebnis – den Abschluss – auswirken!

Vermeiden Sie auch Formulierungen im Konjunktiv, sie zeugen von schwacher Identifikation und sind in einem Akquisetelefonat Ausdruck falsch verstandener Höflichkeit. Der Angerufene wird Sie nicht als von sich und seinem Produkt überzeugter Gesprächspartner wahrnehmen, wenn Sie das Gespräch mit Formulierungen eröffnen wie: „Inwieweit *wäre* es für Sie interessant?" oder bei einer Terminabsprache: „Wann *hätten* Sie Zeit? / Wann *wäre* es Ihnen recht?"

Die Formulierungen zum Gesprächsende „Darf ich mich nochmals bei Ihnen melden?" oder „Wann soll ich nochmals anrufen?" hinterlassen beim Kunden nicht unbedingt den Eindruck, mit einem überzeugten Verkäufer zu tun zu haben. Glauben Sie daran: Der Kunde wünscht sich einen souveränen Gesprächspartner! Seien Sie sich Ihres Stellenwerts bewusst, bevorzugen Sie Formulierungen wie: „Herr …, dann wird es gut sein, dass wir zu einem späteren Zeitpunkt nochmals miteinander sprechen. Ihnen heute noch einen schönen Tag, auf Wiederhören!" So behalten Sie die Führung in den Händen, haben einen guten Kontakt zum Kunden aufgebaut und können den Zeitpunkt eines erneuten Anrufs selbst bestimmen.

Erfolgsfaktor 3: Klare Strategien am Telefon

„Sind die Worte im voraus festgelegt,
so stockt man nicht.

Sind die Arbeiten im voraus festgelegt,
so kommt man nicht in Verlegenheit.

Sind die Handlungen im voraus festgelegt,
so macht man keine Fehler.

Ist der Weg im voraus festgelegt,
so wird er nicht plötzlich ungangbar."

Konfuzius

Der dritte wesentliche Erfolgsfaktor neben einer positiven Grundeinstellung und einer hohen Identifikation ist die Anwendung *klarer, erfolgsorientierter Strategien am Telefon*. Lernen Sie anhand der folgenden Strategien, das Instrument Telefon so effizient wie möglich zu nutzen: Die Einsatzmöglichkeiten für eine gezielte Erschließung von Neukontakten sind vielfältig. Von wesentlicher Bedeutung für die Art des Vorgehens, für das Sie sich entscheiden, ist natürlich, ob Sie auf bestehende Adressen (Bestandskunden) zurückgreifen können oder darauf angewiesen sind, überwiegend Neukunden zu gewinnen. Machen Sie sich mit den unterschiedlichen Strategien zur telefonischen Terminvereinbarung vertraut, und: Setzen Sie diese gleich in die Praxis um! Beginnen Sie damit bei Ihrem nächsten Telefonat!

Kaltakquise

Die so genannte *Kaltakquise* gehört sicherlich zu den anspruchsvollsten Aufgaben im Geschäft überhaupt: Manche bezeichnen Sie als die „Kür" im Vertrieb, andere ganz einfach als „Ochsentour". Es besteht ein ziemlicher Unterschied darin, ob es sich um die Akquise von Privatkunden handelt, oder ob Sie Ansprechpartner aus dem gewerblichen Bereich akquirieren.

Die Privatsphäre steht unter besonderem Schutz, das heißt, dass man sich hier des Verstoßes gegen § 1 des Gesetzes gegen unlauteren Wettbewerb schuldig machen kann, wenn man bestimmte Regeln nicht einhält. Zurzeit muss man den teuren „Umweg" über Mailingaktionen mit Antwortkarten nehmen, um überhaupt verkaufsorientierte Privatanrufe tätigen zu dürfen. Die Gesetzeslage ist insgesamt immer noch verworren und unterliegt permanenten Veränderungen, deshalb verzichte ich an dieser Stelle auf eine detailliertere Beleuchtung dieses Aspekts.

Auch wenn es immer noch zahlreiche Vertriebsabteilungen gibt, die diese Vorgehensweise praktizieren, kann sie als solche nicht geduldet werden. Die Kaltakquise wurde in den letzten Jahren sicher dadurch vereinfacht, dass die Beschaffung von qualifiziertem Adressmaterial zwischenzeitlich relativ leicht zu handhaben ist. Außerdem besteht ja heutzutage die Möglichkeit, die Nummern sämtlicher Telefoninhaber gegen einen geringen Betrag auf CD-Rom zu beziehen. Denjenigen, die sich für diese Art des Vorgehens entschieden haben und ihn zukünftig professionalisieren wollen, empfehle ich als Grundvoraussetzung, die Regeln des „*Soft Selling*" zu praktizieren. Alles andere würde dem insgesamt schon schlechten Image des Telefonmarketings noch weiter Vorschub leisten. Dem Wunsch eines Angerufenen, in Zukunft nicht mehr über Telefon kontaktiert zu werden, sollte auf jeden Fall entsprochen werden, alles andere entspräche einem schlechten Stil – und der führt garantiert nicht zum Erfolg. Am weitesten kommen Sie immer noch mit Freundlichkeit und mit Höflichkeit. Wie im Privatleben werden die Menschen aufgeschlossener und gesprächsbereiter auf Sie reagieren, wenn diese Sie als angenehmen Zeitgenossen empfinden.

Mailingaktion

Die Vorgehensweise der Kaltakquise wird immer noch gerne mit entsprechenden *Mailingaktionen* verbunden. Vor einiger Zeit reichte es vielleicht noch aus, eine gewisse Anzahl von Briefen zu versenden und nach dem Prinzip Hoffnung auf entsprechende Rückläufer zu warten. Heutzutage greift diese Methode allerdings nicht mehr: Die Reizüberflutung der Verbraucher ist so stark, dass viele Briefe einfach ungeöffnet im Papierkorb landen. Mehr Erfolg verspricht hier der Versand einer kleinen gezielten Mailingauflage, die mit einem Nachfasstelefonat kombiniert wird. Auch hier sind die Ansprüche gestiegen, Qualität steht vor Quantität. Nur ein gutes gezieltes Mailing wird die Aufmerksamkeit des Adressaten erregen! Die Aufmerksamkeit kann zum Beispiel durch einen Umschlag ohne Absender mit einer handschriftlich erstellten Adresse geweckt werden. Ein solcher Umschlag schützt vor der schnellen Entsorgung in das Altpapier. Sicher ist eine Aktion dieser Art sehr aufwendig, die Chance, dass Ihr Brief wahrgenommen und auch gelesen wird, erhöht sich jedoch um ein Vielfaches. Der Trend, einem Schreiben dreidimensionale Objekte als „Eye-Catcher" beizufügen, nimmt immer mehr zu, und egal, ob man diesen Clou mit einem Schmunzeln oder einem Stirnrunzeln zur Kenntnis nimmt: Die Aufmerksamkeit des Empfängers haben Sie! Es lohnt sich, etwas Fantasie in ein Mailing zu investieren: Die schon vielfach versandten zwanzig Pfennig für einen Rückruf sind inzwischen überholt, dennoch gibt es noch genügend erfrischende Ideen, um die Aufmerksamkeit des Adressaten zu wecken: eine Kopfschmerztablette zur Behebung „finanzieller

Kopfschmerzen" beispielsweise oder ein geknotetes Taschentuch, weil Ihr Angebot „wirklich merkwürdig" ist. Mit einem Streichholzbriefchen machen Sie klar, dass Sie eine „zündende Idee" für den potenziellen Kunden bereithalten. Die Auflistung lässt sich beliebig erweitern – lassen Sie einfach einmal Ihre eigene Fantasie spielen!

Wenn ein origineller Brief mit einem Nachfasstelefonat kombiniert wird, ist eine entsprechende Erfolgsquote fast schon garantiert. Dabei spielt die Frage keine große Rolle, ob das Versenden eines Briefes vor dem Anruf den Verkäufer durch den so genannten „Placebo-Effekt" zusätzlich motiviert, oder ob das Ergebnis tatsächlich auf das gekonnte Wecken der Leseraufmerksamkeit zurückzuführen ist. Hauptsache, die Strategie führt zum Erfolg und das Ergebnis stimmt!

Noch sicherer wirken sich Mailingaktionen aus, wenn die Zielperson bereits in der Vergangenheit einen – wenn auch nur flüchtigen – Kontakt mit dem Absender hatte. Das kann ein früheres Telefonat, ein schon vor Monaten geführtes Gespräch sein, aber auch eine Anfrage, die schon eine Weile zurückliegt. In diesem Zusammenhang macht es durchaus Sinn, eine Art „Warmhaltestation" einzurichten, denn Sie wissen: Steter Tropfen höhlt den Stein! Auf diese Weise kann ein tragfähiger Kontakt zu dem potenziellen Kunden hergestellt werden.

Wie Sie ein Nachfasstelefonat erfolgreich angehen – hier reicht natürlich nicht die einfache Anfrage, ob der Brief beim Kunden angekommen ist und ob er ihn gelesen hat –, ist Thema der nachfolgenden Abschnitte.

Spezialisierung in der Akquise

Sowohl im Bereich der Kaltakquise als auch bei der Durchführung von Mailingaktionen ist im Markt vielfach zu beobachten, dass viele Verkäufer keine homogene Zielgruppe auswählen, sondern hier durch unterschiedlichste Zielgruppen springen. Der Erfolg dieser Akquise-Strategie hängt auch maßgeblich davon ab, inwieweit eine möglichst homogene Zielgruppe im Vorfeld festgelegt wurde, die natürlich dem Produkt bzw. der Dienstleistung und auch den verkäuferischen Neigungen des Vertriebsmitarbeiters entspricht.

Nachfassen von Angeboten

Einen noch höheren Stellenwert als das Nachfassen einer Mailingaktion hat das *Nachtelefonieren von Angeboten/Exposés* und von angefordertem Informationsmaterial: Hier liegt ein ungeheures Akquisitionspotenzial, das auf Ihre Aktivität wartet! Es ist kaum verständlich, dass viele Vertriebsgesellschaften mit einem immensen Kostenaufwand Unterlagen verschicken und dann – wie immer wieder zu beobachten ist – das Nachfasstelefonat schlichtweg unter den Tisch fallen lassen. Versetzen Sie sich hier einmal in die Situation des Kunden: Der nimmt doch die unterschwellige Botschaft entgegen, dass „Sie es nicht nötig haben", diesen bereits hergestellten Kontakt weiterzuverfolgen, am Ball zu bleiben und sich adäquat um Ihren Kunden zu bemühen! Das Ausbleiben eines Nachfolgetelefonats wird oft als Arroganz gewertet und mit der Kundenaussage „Da hat sich niemand mehr gemeldet!" dokumentiert.

Allein aus betriebswirtschaftlicher Sicht ist es unerklärlich, dass ein Unternehmen hohe Summen in das Versenden von Unterlagen investiert, um dann anschließend nicht die notwendigen Kapazitäten für qualifizierte Nachfasstelefonate bereitzuhalten. Gerade, wenn es sich um erklärungsbedürftige Produkte handelt, dient das Zusenden dem Ziel, das Interesse des Kunden zu wecken; ein gewünschter Verkaufsabschluss kann jedoch nur im persönlichen Gespräch stattfinden – und einen Termin erhalten Sie nur durch ein Telefonat!

Empfehlungsmarketing

Der Weg der Zukunft heißt *Empfehlungsmarketing* – darüber sind sich die Vertriebsprofis einig und in diese Richtung wird auch immer mehr Energie investiert. Sie lassen sich als Verkäufer von zufriedenen Kunden – oder noch besser: von begeisterten Kunden – weiterempfehlen.

Die Wahrscheinlichkeit, dass ein Kunde Sie aus eigenem Antrieb weiterempfiehlt, das heißt, ohne dass Sie nachfragen, ist relativ gering. Es kann sich für Sie zu großem Vorteil auswirken, wenn Sie frühzeitig aktives Empfehlungsmarketing praktizieren. Überwinden Sie Ihre eventuellen Vorbehalte und stellen Sie Ihrem Kunden die Empfehlungsfrage, ohne sich als Bittsteller zu fühlen. Wenn Sie ein gutes Geschäft abgeschlossen haben, hat auch der Kunde profitiert, und er wird Sie gerne weiterempfehlen bzw. Ihnen weitere interessante Kontakte nennen. Erarbeiten Sie sich eine Formulierung, die Ihnen persönlich entspricht und die dem Kunden das Gefühl gibt, dass seine Bekannten oder Kollegen von dem Kontakt mit Ihnen profitieren werden. Er wird durch Sie in die Lage versetzt, einen Tipp weiterzugeben und anderen einen Gefallen zu tun: Wenn Sie die Empfehlungsfrage von dieser Seite betrachten, wird Sie Ihnen leicht über die Lippen gehen!

Unabhängig davon, für welche Formulierung Sie sich entscheiden und zu welchem Zeitpunkt Sie aktiv nach Empfehlungen fragen – auch hier ist das Fingerspitzengefühl eines guten Verkäufers gefragt: Im weiteren Verlauf wird das Telefon wieder zum entscheidenden Instrument, um den neuen potenziellen Kunden für einen Termin zu gewinnen. Der Anrufer wird beim telefonischen Nachfassen von Empfehlungen mit exakt den gleichen Einwänden konfrontiert wie bei der Kaltakquise oder beim Nachfassen einer Mailingaktion. Der entscheidende Unterschied liegt darin, dass diese Einwände sich auf einer anderen Ebene bewegen: Durch die Nennung des Namens Ihres Empfehlungsgebers entsteht von Anfang an eine gewisse Verbindlichkeit zwischen Ihnen und dem Angerufenen. Der Empfehlungsgeber fungiert hier als „Türöffner" und die Einwände werden wesentlich freundlicher artikuliert.

Die Effektivität des Empfehlungsmarketings zeigt sich schon innerhalb kurzer Zeit: Der Hinweis auf einen gemeinsamen Bekannten oder Kollegen führt auf direktem Weg zu erheblich besseren Terminquoten. Seien Sie sich bewusst, dass die Anzahl von qualitativ guten Empfehlungen immer begrenzt ist, jede Empfehlung ist also Gold wert: Da ist es umso wichtiger, dass Sie mit der richtigen Einstellung und der passenden Strategie in der Lage sind, die Situation am Telefon souverän mit einer Terminvereinbarung für sich zu entscheiden.

Servicecalls

Denken Sie immer an Ihre bestehenden Kunden! Nachdem viele Branchen jahrelang dazu übergegangen sind, sich nach erfolgtem Abschluss nie mehr bei ihrem Kunden zu melden, zeichnet sich seit einiger Zeit ein neuer Trend ab: stärkere Serviceorientierung. Die so genannten Servicecalls dienen nicht nur dazu, bestehende, leider oft vernachlässigte Kunden zu reaktivieren, sondern auch als Sprungbrett für neue Kundenkontakte. Der Kunde wird es in jedem Fall anerkennen, wenn Sie ihn aus Gründen der Kontaktpflege anrufen. Die Frage nach seiner Zufriedenheit mit Ihrer derzeitigen Geschäftsverbindung kann für spätere Folgetermine Wunder wirken.

Viel zu oft hört man immer noch von Kunden: „Später hat sich niemand mehr gemeldet …!" Tragen Sie Sorge dafür, dass Ihre Kunden so etwas nicht einmal denken, und Sie werden – nicht nur langfristig – die Früchte Ihres Bemühens ernten. Wenn auch ein Servicebesuch oft zu kosten- und zu zeitintensiv ist, so macht es in jedem Fall Sinn, telefonisch regelmäßigen Kontakt zu den Ansprechpartnern zu pflegen, die bereits zu Ihrer Kundenkartei gehören. Organisieren Sie Ihre Kundenpflege, indem Sie wöchentlich eine entsprechende Zeitspanne in Ihrem Terminbuch für diese bewährten Kontakte einplanen. Sie können sicher sein, dass der Kunde Ihnen die Aufmerksamkeit, die Sie ihm schenken, danken wird! Denn hier gilt das Motto:

> **„Wenn sich der Verkäufer um den Kunden kümmert,
> dann kümmert sich auch der Kunde
> um den Verkäufer."**

Erfolgsfaktor 4: Verkäuferische Fähigkeit

> *„Der Unterschied zwischen dem richtigen Wort*
> *und dem beinahe richtigen Wort*
> *ist wie der Unterschied zwischen einem Blitz*
> *und einem Glühwürmchen."*
>
> *Mark Twain*

Am Telefon sind Sie darauf angewiesen, alles, was Sie dem Gesprächspartner vermitteln wollen, über Ihre sprachliche Fähigkeit auszudrücken. Ihre persönliche Verkaufsrhetorik hat somit am Telefon einen noch höheren Stellenwert als beim Kundentermin vor Ort. Ihre *verkäuferische Fähigkeit,* die Widerstände des Kunden im Dialog aufzuweichen und einen Termin zu erreichen, ist der zentrale Erfolgsfaktor in der Akquise. Der Glaube, dem immer noch viele Verkäufer anhängen, fundiertes Fachwissen erhöhe die Argumentationsstärke, lässt sich in der Praxis nicht bestätigen. Generell sei hierzu gesagt, dass ein Verkäufer sich darüber im Klaren sein muss, dass er sich weniger für einen Wissensberuf, sondern an erster Stelle für einen Verhaltensberuf entschieden hat. Nicht die „Produktprofessoren" erzielen die höchsten Umsatzergebnisse, sondern diejenigen, die über eine solide fachliche Grundausbildung verfügen und ihr Ziel mit verkäuferischem Geschick

33

verfolgen. Machen Sie sich zum Grundsatz: Fachliche Details haben im Akquisetelefonat nichts zu suchen! Es macht zum Beispiel wenig Sinn, wenn ein Immobilienverkäufer sich bereits in der Kontaktaufnahme am Telefon über Dinge wie Quadratmeterpreise, Standort oder steuerliche Vergünstigungen auslässt. Ebensowenig angebracht ist es, im ersten Telefonat über technische Details und spezifisches Zahlenwerk zu sprechen; behalten Sie sich das Eingehen auf Einzelheiten für das Gespräch unter vier Augen vor. Zu viel Fachwissen in der ersten Kontaktaufnahme bläht das Telefonat auf, und Sie laufen Gefahr, dass der Kunde beginnt, fachspezifische Einwände zu artikulieren, die Sie bedeutend einfacher in entspannter Atmosphäre beim Kunden vor Ort ausräumen könnten. Stellen Sie sich also nicht selbst Fallen, indem Sie sich von Ihrer eigentlichen Absicht abbringen lassen. Sie können sich selbst „coachen", indem Sie ein Chart auf den Schreibtisch stellen, das Sie während des Telefonierens immer wieder daran erinnert:

Ziel ist der Termin!

Die Anforderungen an die sprachliche Ausdrucksfähigkeit im Vertrieb haben sich in den letzten Jahren enorm verändert. Am Anfang stand das Gebot: „Der Kunde ist König". Entsprechend devote Formulierungen bestimmten dann auch den Dialog zwischen Verkäufer und Kunde. Es wurde sehr viel mit übertriebenen Konjunktivformulierungen gearbeitet, um dem Kunden extrem höflich zu begegnen und seine Wertschätzung verbal deutlich auszudrücken. Dieser Phase folgte die Zeit des „Hard Sellings": Der Kunde wurde regelrecht arrogant behandelt, im Gespräch gemaßregelt und unter Druck gesetzt. Nicht Integrität und Kommunikationsfähigkeit des Verkäufers waren Faktoren für den Erfolg, gefragt war die Fähigkeit, den Kunden unter Druck zu setzen. Diese Zeiten sind – zum Glück – vorbei, wenn es auch noch den einen oder anderen Finanzdienstleister gibt, der diesen „goldenen Zeiten" nachtrauert und die Trendwende hin zur partnerschaftlichen Kommunikation nicht nachvollziehen kann. Eben diese bevorzugte partnerschaftliche Kommunikation – nach dem Gewinner-Gewinner-Prinzip – wird den Ansprüchen eines kritischen Verbrauchers und seiner Komplexität gerecht. Diesem Prinzip entsprechend ist ein Geschäft dann sinnvoll, wenn *beide* Parteien aus der Beziehung ihren Vorteil ziehen können. Viele rhetorische Hilfsmittel, die früher eingesetzt wurden, entsprechen diesem neuen Stil in der Kommunikation nicht mehr und werden als „Verkäufergeschwätz" entlarvt. Werden Sie sich dessen bewusst und nehmen Sie sich einmal Zeit, Ihre verkäuferische Ausdrucksweise zu überdenken.

Früher hat es funktioniert, mit der so genannten Sokrates-Methode, *auch Ja-Fragen-Schiene* genannt – also mit einer Aneinanderreihung von Suggestivfragen –, dem Kunden einige positive Zustimmungen abzuringen, um dann auf dieser Schiene das große „Ja" zum Terminabschluss zu erreichen. Diese Methode ist nicht mehr von Erfolg gekrönt: Fragen wie „Möchten Sie jede Mark der Steuerersparnis auf legalem Wege nutzen?" oder „Ist es Ihnen wichtig, neben der gesetzlichen Rente ein weiteres finanzielles Standbein zu haben?" lösen beim Verbraucher inzwischen in erster Linie Misstrauen aus. Über Jahrzehnte hinweg war diese Strategie vor allem in der Assekuranz einer der Bausteine der Verkaufskommunikation und ist auch heute noch vereinzelt in Telefonskripts zu finden. Betrachten Sie diese Methode bitte als überholt.

Auch die Einwandbehandlung nach der *Ja-Aber-Technik,* mit der der Verkäufer dem Kunden erst einmal Zustimmung suggeriert und dann mit dem Konfrontationswort *„aber"* eine neue Richtung einschlägt, hat als Einwandbehandlungstechnik inzwischen ausgedient. Das konfrontative „aber" erzeugt unterschwellige Aggression und vergrößert den kommunikativen Graben zwischen zwei Gesprächspartnern beträchtlich.

Die beliebte *Alternativfrage* als Abschlussformulierung hat ebenfalls nicht mehr den Stellenwert wie in früheren Zeiten. Natürlich ist sie – sei es im Telefonat oder im persönlichen Gespräch mit dem Kunden – immer noch eine wichtige Abschlussfrage; angebracht ist jedoch, sie differenzierter zu formulieren. Die in vielen Fällen um einiges zu früh gestellte Frage, die vor allem von relativ unerfahrenen Verkäufern gerne formuliert wird: „Herr …, ist es Ihnen lieber um 16 oder um 18 Uhr?", löst mittlerweile mehr Skepsis als Zustimmung aus und wird vielfach als Überrumpelungstaktik gewertet. Es gibt weiche Alternativen, die um einiges Erfolg versprechender sind: Schlagen Sie zum Beispiel alternative Terminorte vor oder nennen Sie unterschiedliche Zeitpunkte im Wochenablauf! Eine Abschlussfrage dieser Art wird der Kunde eher als höfliche Berücksichtigung seines Zeit- und Arbeitsablaufes bewerten und zu schätzen wissen!

Nehmen Sie sich die Zeit und prüfen Sie Ihre Sprache im Hinblick auf oben beschriebene Methoden, die zwischenzeitlich tatsächlich als überholt zu bezeichnen sind. Ihre Sprache ist Ihr wichtigstes Instrument. Daher ist es wichtig, das persönliche Sprachverhalten zu kontrollieren und gegebenenfalls daran zu arbeiten. Wann haben Sie sich das letzte Mal selbst gehört? Wann wurden das letzte Mal Aufzeichnungen gemacht, die Sie entweder alleine oder im Gespräch mit Kollegen analysiert haben? Gerade hier kann es sehr hilfreich sein, das Feedback eines Kollegen einzuholen und mit ihm gemeinsam am Sprachverhalten zu arbeiten.

Bertolt Brecht hat es mit seiner Aussage auf den Punkt gebracht: „Man hat seine eigene Wäsche, man wäscht sie mitunter. Man hat seine eigenen Worte, man wäscht sie nie." Gerade uns Verkäufern würde hin und wieder ein Schonwaschgang zur Sensibilisierung unserer Verkaufsrhetorik ganz bestimmt sehr nutzen!

„Die Sprache ist die Wirklichkeit von Gedanken." – beim Nachvollziehen dieser Aussage von Karl Marx wird klar, dass die häufige Verwendung von Worten, die eine negative Assoziation auslösen – so genannte „Mülleimerworte" – viel über die innere Einstellung des Sprechenden verraten. Vielleicht kennen Sie jemanden aus Ihrem Bekannten- oder Kollegenkreis, in dessen Sprachgebrauch das Wort „Problem" häufig auftaucht. Versuchen Sie einmal, mit dem Wort „Problem" eine positive Assoziation zu verbinden! Das wird Ihnen kaum gelingen, denn dieses Wort ist ganz einfach negativ besetzt. Ersetzen Sie es zum Beispiel durch das Wort „Situation", und Ihre Aussage erscheint in einem ganz anderen Licht. Es wird sich äußerst positiv auf Ihre Sprache und auf die Reaktion Ihres Gegenübers auswirken, wenn Sie Worte vermeiden, die negative Assoziationen auslösen. „Risiko", „Bemühen", „Kosten", „billig" – streichen Sie diese „Mülleimerworte" in der Verkaufssituation aus Ihrem Sprachschatz. Das Wort „Vereinbarung" zum Beispiel, das ein gewisses Maß an Übereinstimmung und Solidarität assoziiert, wird beim Kunden ein positiveres Gefühl wecken als die Bezeichnung „Vertrag".

Negativworte erwecken auch negative Assoziationen. Hören Sie sich selbst einmal zu: Verwenden Sie in Ihrer Kommunikation vielleicht Aussagen wie „Das kann ja nicht schaden!", „Das werden Sie nicht bereuen.", „Das ist unerheblich." oder „Das ist nicht schwer."? Nach der bekannten mathematischen Regel ergibt zwar zwei Mal Minus im Endergebnis Plus. Nach den Regeln der Kommunikation und der menschlichen Auffassungsgabe sieht das allerdings anders aus: Das menschliche Gehirn setzt Informationen, die ihm zugeführt werden, sofort in innere Bilder um. Für Verneinungen stehen keine Bilder zur Verfügung. Das heißt, auf die dringliche Bitte an Sie: „Denken Sie bitte nicht an den Eiffelturm!" werden Sie sofort den Eiffelturm vor Ihrem geistigen Auge auftauchen sehen. Wenn Sie diese Strategie auf einen Satz übertragen, wie: „Sie werden es nicht bereuen, dass Sie sich hierfür Zeit genommen haben!" wird klar: Die Absicht des Verkäufers, den Kunden zum Abschluss des Gesprächs noch einmal nachträglich zu motivieren, schlägt fehl, denn das Wort, das vom menschlichen Gehirn in erster Linie registriert wird, ist: Reue! Je mehr Beispiele Sie für sich selbst herausfinden, desto deutlicher wird Ihnen der Unterschied bewusst, der durch den Gebrauch positiver Worte entsteht. Und gerade für einen Verkäufer ist es immens wichtig, dass seine sprachliche Ausdrucksfähigkeit von positiven Worten und positiven Bildern geprägt ist!

Negativformulierungen wie die beschriebenen werden nur noch durch eine ganz bestimmte Kategorie von Aussagen übertroffen: durch die so genannten *Killerbemerkungen!* Das sind Bemerkungen, die den Gesprächspartner verletzen, irritieren und bei ihm im Endeffekt Antipathie erzeugen. Das heißt, diesen Gesprächspartner werden Sie ganz bestimmt nicht als Kunden gewinnen! Eine der Voraussetzungen für einen angestrebten Abschluss ist eine gewisse Grundsympathie zwischen dem Verkäufer und seinem Gesprächspartner. Genau diese kann durch *Killerbemerkungen* von Anfang an verhindert werden. Der Kunde ist ein Gefühlswesen, und als solches interpretiert er Aussagen – wie sie unten aufgeführt sind – als Angriff oder sogar als Unterstellung.

Hier eine kleine Auswahl solcher Killerphrasen:

▶ „Ich habe schon mehrmals versucht Sie zu erreichen" kann verstanden werden als: Sie treiben sich wohl dauernd in der Gegend rum.

▶ „Ich versuche Ihnen das einmal zu erklären" kann heißen: Bin gespannt, ob Sie intelligent genug sind, das zu verstehen.

▶ „Wie ich Ihnen das im letzten Telefonat schon sagte ..." wird interpretiert als: Ihnen muss man alles zweimal erklären.

▶ „Dann haben Sie das missverstanden" kann verstanden werden als: Sie haben nicht richtig aufgepasst.

▶ „Das haben wir noch nie gehabt" kann aufgefasst werden als: Sie sind ja ein absoluter Sonderling.

Die meisten Verkäufer heute haben sich mit den Grundprinzipien der positiven Denkweise vertraut gemacht. Wenn Sie diese tatsächlich auf Ihr ganz persönliches Sprachverhalten anwenden wollen, ist es eine große Hilfe, mit Gesprächsaufzeichnungen zu arbeiten. Analysieren Sie diese Aufzeichnungen und machen Sie sich der eventuell zu behebenden Mängel in Ihrer persönlichen Rhetorik bewusst. Allein das Bewusstsein darüber wird zu sanften Veränderungen in Ihrem Sprachverhalten führen. Und wenn Sie sich entscheiden, daran zu arbeiten, wird sich der Erfolg bald in der Reaktion Ihrer Gesprächspartner zeigen.

Zusammenfassung

1. Überprüfen Sie Ihre persönlichen Glaubenssätze bezüglich Zielgruppe und Anrufzeitpunkt etc. und versuchen Sie möglichst positiv auf einen neuen Kontakt zuzugehen.

2. Die strategisch richtige Nutzung des Instruments Telefon ist ein wesentlicher Erfolgsfaktor. Legen Sie Ihre eigene Strategie fest!

3. Optimieren Sie Ihren After-Sales-Service, indem Sie regelmäßige Servicecalls mit bewährten Kontakten führen, ohne den direkten Folgeumsatz als Ziel vor Augen zu haben!

3. Je mehr Kontakte, umso mehr Kontrakte

„Am Anfang war die Zahl."

Pythagoras

Der Erfolg des Verkäufers hängt nicht unbedingt von der Zahl der Stunden ab, die er in seine Tätigkeit investiert, sondern in erster Linie von der Aktivität, die er in dieser Zeit entwickelt. Ein Verkäufer, der seiner Führungskraft gegenüber formuliert, dass er bereits seit Stunden dabei sei, per Telefon Neukunden zu akquirieren, sagt eigentlich nichts aus. Denn als Verkäufer hat er sich nun mal entschlossen, eine Tätigkeit auszuüben, die nicht, wie sonst üblich, nach Stunden oder anderen Zeiteinheiten honoriert wird. Entscheidend ist allein die Aktivität, die er in dieser Zeitspanne entfaltet, um das gewünschte Ergebnis sicherzustellen. Diese Aktivität in Zahlen transparent darzustellen und aus ihnen entsprechende Rückschlüsse zu ziehen, wird das „Gesetz der Zahl" genannt. An keiner Stelle des Vertriebslebens lässt sich auf eine kleine Zeiteinheit betrachtet eine repräsentativere Aussage treffen, die über den Erfolg des Verkäufers Aufschluss gibt, als bei der Telefonakquise.

Das Gesetz der Zahl

Die erste Maßeinheit für das Gesetz der Zahl im Telefonmarketing ist der Wählversuch. Unter Wählversuch wird – wie das Wort selbst schon verdeutlicht – der Versuch verstanden, der unternommen wird, um die gewünschte Zielperson zu erreichen. Zu den Wählversuchen zählen auch die Versuche, die keinen Erfolg tätigen, weil entweder lediglich das Besetztzeichen zu hören ist, die Sekretärin keine weitere Verbindung herstellt oder nach mehreren Klingelzeichen immer noch keiner den Hörer abnimmt. Abhängig vom Zeitpunkt der Anrufe und von der

Zielgruppe benötigt der Verkäufer etwa 3,5 Wählversuche, um überhaupt einen Kontakt zustande zu bringen. Der Kontakt mit der Zielperson als zweite Maßeinheit bedeutet, dass er den gewünschten Gesprächspartner erreicht und in das eigentliche Akquisegespräch einsteigen kann. Auch hier greift das Gesetz der Zahl: Erst nach einer gewissen Anzahl von solchen Kontakten gelangt man zu einem gewünschten konkreten Terminergebnis. Als Grundregel gilt: „Je mehr Kontakte, umso mehr Kontrakte."

Je nach Aufgabenstellung kann es durchaus erforderlich sein, bereits während des Kontaktes mit der Zielperson bestimmte Qualitätsmerkmale zu überprüfen, um aus diesem allgemeinen Kontakt herauszufiltern, inwiefern der potenzielle Kunde überhaupt für das zu verkaufende Produkt oder die Dienstleistung geeignet ist.

Auf der nächsten Ebene stellt sich die Frage, wie viele (qualifizierte) Kontakte ein Verkäufer am Telefon braucht, um als Ergebnis einen Termin zu erreichen. Dabei ist zu bedenken, dass ein gemeinsam fixierter und ins Terminbuch eingetragener Termin noch lange nicht heißt, dass

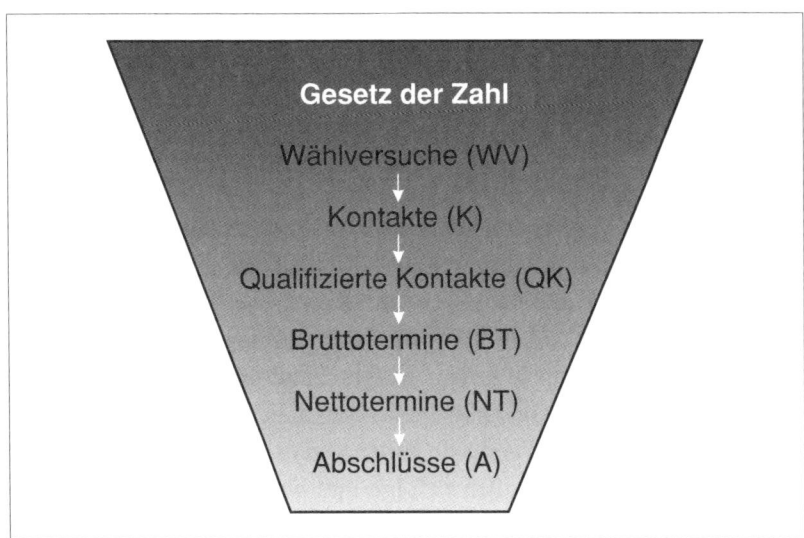

tatsächlich ein Termin stattfinden wird: Es besteht immer noch die Möglichkeit, dass der Kunde absagt. Also kann im Vorfeld nur von einem so genannten *„Bruttotermin"* die Rede sein. In einer weiteren Stufe ergibt sich nämlich das Abgleichen der entsprechenden Bruttotermine mit den Terminen, die der Verkäufer tatsächlich wahrnimmt. Erst nach dem persönlichen Kennenlernen und einer Gesprächsbereitschaft vonseiten des potenziellen Kunden kann von einem so genannten *„Nettotermin"* gesprochen werden. Da natürlich (leider) nicht jedes Verkaufsgespräch mit einem Abschluss endet, stellt sich letztlich die Frage, wie viele Nettotermine ein Verkäufer akquirieren und wahrnehmen muss, um einen Abschluss zu tätigen, für den er Provision erhält oder der sich in Form einer Umsatzbeteiligung finanziell widerspiegelt.

Man kann hier von einem „Erfolgstrichter" sprechen, denn nur mit entsprechendem Einsatz schon im Bereich der ersten Maßeinheit ist es langfristig möglich, das Terminbuch zu füllen und Umsatzvorgaben zu realisieren. Wir Verkäufer träumen gerne von einem „Verteilermarkt" und verlieren dabei nur allzu schnell aus den Augen, dass ein gewisses Maß an Ablehnung geradezu Basis unserer Tätigkeit ist. Dieser Punkt wurde in den Kapiteln 1 und 2 bereits eingehend thematisiert. Das Verteilen von Waren oder Dienstleistungen ist ja nicht etwas, das honoriert wird – der Verkäufer ist hier geradezu überflüssig –, da eine Vermarktung über andere Strategien als die persönliche Kontaktaufnahme möglich und teurer Verkäufereinsatz nicht mehr erforderlich ist.

In vielen harten Verdrängungsmärkten, in denen sich nach dem Gesetz der Zahl ganz extreme Werte herauskristallisieren – wie zum Beispiel beim Verkauf von Kapitalanlagen oder Versicherungen –, ist klar zu erkennen, dass sich die hohe psychische Belastung durch permanente persönliche Ablehnung in einem entsprechend überdurchschnittlichen Provisionseinkommen widerspiegelt. Nur diejenigen, die sich dieses Gesetz der Zahl bewusst gemacht haben und es tatsächlich in die Praxis umsetzen, erleben die großen Erfolge und werden auch langfristig in diesem Markt zu den Gewinnern zählen.

Arbeiten Sie mit diesem Gesetz der Zahl! Setzen Sie es in die Tat um! Bereiten Sie ein Blatt vor, auf dem Sie während Ihrer nächsten Telefonaktion mit einer Strichliste alle getätigten Wählversuche und alle geführten Kontaktgespräche notieren. Und erinnern Sie sich immer wieder daran, dass jeder Angerufene, der Sie im jetzigen Telefonat ablehnt, Sie wiederum einen kleinen Schritt näher zu dem nächsten Kunden bringt, der mit Ihnen in eine Geschäftsbeziehung einsteigen will. Gerade beim Akquirieren bestätigt sich immer wieder die Erkenntnis, dass nicht das Beginnen der Tätigkeit belohnt wird, sondern dass es letztlich allein die Beharrlichkeit ist, die sich auszahlt. Denken Sie immer wieder daran, dass die zwei Grundvoraussetzungen der Verkäufer, die in der Branche als Akquisitionsgenies gelten, genau diese sind: Beharrlichkeit und Durchhaltevermögen!

Höfliche Hartnäckigkeit hilft

> *„Mit jedem Fehlschlag sind wir*
> *einen Schritt näher am Erfolg."*
>
> **Thomas Alva Edison**

Leider ist aus keiner Statistik zu ersehen, wieviel Umsatz einem Unternehmen entgeht, weil der Verkäufer am Telefon zu früh aufgibt. Es entspricht der Natur des Menschen, dass er gerne den Weg des geringsten Widerstands sucht. Ein Verkäufer ruft einen potenziellen Kunden an, erfährt dort mehr oder weniger massive Ablehnung auf sein Angebot und wendet sich daraufhin am liebsten umgehend dem nächsten Telefonat zu. Vielleicht reagiert der Nächste ja aufgeschlossener! Dabei reicht in manchen Fällen einfach ein weiterer freundlicher Anruf bei dem „schwierigen" Kunden, um den Stein ins Rollen zu bringen …

43

Ein Verkäufer, der fünfzig Adressen vorliegen hat, verfährt meistens so, dass er sein Vorgehen dem Prinzip des geringsten Widerstandes anpasst und sich darauf verlässt, dass ihm unter den nachfolgenden Kontakten sicher der eine oder andere Fisch ins Netz geht. Er gehört wahrscheinlich auch zu denjenigen, die sich durch ein bestehendes Adressenpotenzial zu der Vorgehensweise verleiten lassen, lediglich diesen Bestand „abzutelefonieren", ohne dabei die notwendige Professionalität und den „verkäuferischen Biss" zu entwickeln. So mancher Akquisiteur denkt sich: „Jeden Tag steht ein Dummer auf, wir müssen nur lange genug nach ihm suchen ..."

Dieses Vorgehen, das auf dem Prinzip Hoffnung gründet, ist – gerade bei begrenztem Akquisitionspotenzial – ganz bestimmt nicht der richtige Weg, denn er verleitet zu frühzeitigem Aufgeben am Telefon. Die entgegengesetzte Strategie bringt hier mehr Erfolg: Verinnerlichen Sie den Leitsatz *„Höfliche Hartnäckigkeit hilft"* und leben Sie ihn tagtäglich. Die Betonung liegt in diesem Zusammenhang ganz deutlich auf dem ersten Wort: Höflichkeit! Denn wenn wir nach dem angesagten Prinzip des Soft Sellings agieren, hat Höflichkeit allererste Priorität. Es geht nicht darum, die Belästigungsgrenze des Verbrauchers zu testen, es geht darum, den Verbraucher höflich und hartnäckig zu „umwerben", um sich seine Aufmerksamkeit zu sichern. Manchmal ist eine gewisse Hartnäckigkeit sogar ein absolutes Muss. Denken Sie zum Beispiel an einen jungen Mann, der eine junge Frau anspricht und zum Essen einlädt. Er erhält eine Absage. Was ginge in der Frau vor, wenn der junge Mann diese Absage einfach akzeptiert und ihr den Rücken zuwendet, das heißt keinen einzigen weiteren Versuch unternimmt, sie zu einem romantischen Abend bei Kerzenschein zu überreden? Ganz sicher wäre sie davon überzeugt, dass das Angebot ihres Verehrers nicht ganz so ernst gemeint war. Hätte er sich sonst nicht etwas mehr ins Zeug gelegt? Außerdem wird sie vermuten, dass er sich ganz einfach einer anderen zuwenden und es dort noch einmal versuchen wird – solange bis er Erfolg hat.

Bei der Kundenakquise verhält es sich ähnlich. Auch Kunden wollen erobert werden, selbstverständlich mit Charme und Freundlichkeit. Auch sie wollen von ihrer Wertigkeit, die Sie in Form von Wertschätzung für sie haben, überzeugt werden. Solange Sie als Verkäufer von einem Kunden noch nie eine Aussage wie: „Alle Achtung, Sie sind aber hartnäckig!" gehört haben, können Sie sicher sein: In Ihnen stecken noch Reserven, die Sie unbedingt aktivieren sollten!

Sie stellen sich bestimmt die Frage: *Wie* ist man auf höfliche Weise in der täglichen Akquisepraxis hartnäckig? Die absolute Voraussetzung für ein zweites Telefonat nach der ersten Ablehnung ist auf jeden Fall, dass das erste Telefonat – auch nach einem Misserfolg – souverän und freundlich beendet wurde. Sie werden davon profitieren, wenn Sie den Kunden Ihren Frust, der sich vielleicht durch die regelmäßige Ablehnung bei Ihnen aufgestaut hat, nicht spüren lassen. Denn damit würden Sie sich die Chance für einen erfolgreichen Wiederanruf verbauen. Der Kunde, der merkt, dass sein Gegenüber verärgert ist – und sei es nur durch einen Unterton in Ihrer Stimme –, wird gerne auf jeden weiteren Kontakt verzichten und Sie höchstwahrscheinlich sofort abwimmeln, wenn Sie ihn nochmals anrufen. Warum sollte er sich freiwillig nochmals mit Ihrem Unmut konfrontieren? Machen Sie es sich also zum Grundprinzip, sich aus *jedem* Telefongespräch – ob es nun von Erfolg gekrönt war oder nicht – höflich und freundlich zu verabschieden! Hier gilt der Kommunikationsgrundsatz: „Das zuletzt Gesagte hinterlässt beim Empfänger den stärksten Eindruck." Orientieren Sie sich dabei zum Beispiel an folgendem Wortlaut:

„Herr ..., es ist schade, dass Sie hier nicht einmal die Gelegenheit zu einem Vergleich mit Ihrem bisherigen Anbieter nutzen wollen. Gleichzeitig war es angenehm, mit Ihnen einige Worte wenigstens am Telefon zu wechseln, auch wenn wir uns jetzt nicht persönlich kennen lernen. Herzlichen Dank noch mal für das Telefonat. Ihnen weiterhin gute Geschäfte. Auf Wiederhören!"

Wer ein Telefonat so beendet, hat später immer wieder Gelegenheit, auf einer positiven Basis aufzubauen. Vor allem, wenn Sie sich während des Telefonats an der Strategie der harten Argumentation orientiert haben, ist es wichtig, zum Ende hin „das Gas rauszunehmen", um den Kunden nicht nachhaltig zu verärgern. In dieser Situation ist beim Verkäufer wiederum ein hohes Maß an Sensibilität und verkäuferischer Empathie gefragt, um den goldenen Mittelweg zu finden zwischen verkäuferischem Einsatz und der Gefahr, den Kunden durch das Überschreiten von Grenzen zu verärgern.

In bestimmten Fällen kann es durchaus sinnvoll sein, den Kunden nach der ersten Absage unmittelbar am selben oder am darauf folgenden Tag nochmals anzurufen und einen weiteren Gesprächsversuch zu unternehmen. Vielleicht erscheint Ihnen das als extremer Weg, lassen Sie mich jedoch hier einen Satz anführen, den jeder erfolgreiche Verkäufer mindestens schon einmal von einem seiner Kunden gehört hat: „Wenn Sie damals nicht so am Ball geblieben wären, dann hätten wir dieses Geschäft niemals miteinander abgewickelt!" Natürlich müssen bei einem solchen „spontanen" Nachtelefonat bestimmte Techniken berücksichtigt werden – und die oben angeführte Grundvoraussetzung muss gegeben sein: Das erste Gespräch wurde positiv beendet!

Der Überraschungseffekt ist auf Ihrer Seite, denn wenn der Kunde mit einem Anrufer *nicht* rechnet, dann mit einem Verkäufer, den er erst vor kurzer Zeit „abgewimmelt" hat. Am leichtesten wird der Wiederholungsanruf denjenigen Verkäufern fallen, die über eine hohe Identifikation mit ihrem Produkt und mit ihrem Unternehmen verfügen und damit auch überzeugt sind, dass der Kunde in jedem Fall aus dem gemeinsamen Gespräch Vorteile ziehen kann und ihm anschließend dankbar sein wird, dass er hier nicht so leicht locker gelassen und aufgegeben hat. Führen Sie sich noch einmal den Satz des Kunden vor Augen: „Wenn Sie damals nicht am Ball geblieben wären, …!"

Für den zweiten Anruf können Sie zum Beispiel folgende Formulierung wählen:

„Herr ..., wir haben heute Vormittag schon einmal miteinander telefoniert. Das Gespräch geht mir einfach nicht aus dem Kopf. Es war sehr angenehm, sich mit Ihnen zu unterhalten. Gleichzeitig kann ich nicht verstehen, dass Sie hier einen Vergleich mit Ihren bisherigen Kontakten ausschlagen. Irgendwie habe ich das wohl nicht richtig rübergebracht – bitte helfen Sie mir! Wo war mein Fehler, dass ich Sie nicht von einem persönlichen Kennenlernen überzeugen konnte? "

Versetzen Sie sich in die Lage des Kunden: Wie würden Sie reagieren, wenn mit einer solchen „Selbstbezichtigung" (siehe hierzu den Abschnitt „Professionelle Gesprächseröffnung" in Kapitel 4) nochmals ein Gefühlsappell an Sie gerichtet wird? Würden Sie das Telefonat barsch beenden, eventuell sogar einhängen oder vielleicht doch eher antworten: „Nein, nein, ich habe schon verstanden, was Sie wollten, aber es liegt ganz einfach daran, dass wir mit unseren jetzigen Kontakten zufrieden sind ..."? Die Praxis hat oft bewiesen, dass in dieser neu entstandenen Situation wiederum die gängigen Einwände vom Kunden eingebracht werden und das Telefonat dann durchaus mit seinem Einverständnis endet: „O. K., dann kommen Sie einfach einmal vorbei. Bitte versprechen Sie sich nicht zu viel davon, Sie werden feststellen, dass es eigentlich keinen Sinn macht, und an einen eventuellen Umsatz brauchen Sie gar nicht zu denken."

Der konkrete Termin mit einem Kunden, der sich am Telefon recht skeptisch verhalten hat und dessen Widerstand erst einmal überwunden werden musste, erweist sich oft als Gewinn bringender als der Termin mit einem Kunden aus der Kategorie „Zuläufer". Der Zuläuferkunde lässt alle Kollegen „antanzen", sich vielfältige Angebote vorlegen und vertröstet dann meist über eine endlose Zeit hinweg, weil er einfach nicht „Nein" sagen kann. Der kritische Kunde hingegen wird unbewusst – teilweise sogar bewusst – den Einsatz des Verkäufers honorieren, weil er gerne mit einem Profi zusammenarbeitet. Das ist umso eher der Fall, wenn der potenzielle Kunde selbst im Vertrieb tätig ist und Ihnen gegenüber die Einstellung vertritt: „Es wäre schön, wenn unsere Verkaufsmannschaft eine solche Hartnäckigkeit an den Tag legen würde, wie Sie es gerade tun."

Viele Akquisiteure erleichtern sich das Nachfassen, indem Sie das Nachfolgetelefonat einem Kollegen übertragen, der am Telefon die Rolle des Chefs des Erstanrufers übernimmt. Beim potenziellen Kunden entsteht so der Eindruck, dass der Vorgesetzte des Erstanrufers den Kontakt mit ihm vertiefen möchte, wodurch die Akquise eine höhere Wertigkeit erhält.

Für einen solchen Anruf kommt zum Beispiel folgender Textvorschlag in Frage:

„Herr …, Sie haben vor wenigen Minuten mit unserem Mitarbeiter Herrn X gesprochen. Herr X ist ein noch recht junger Kollege hier im Team und er kam gerade völlig aufgebracht zu meinem Schreibtisch, weil er glaubt, dass er im Telefonat mit Ihnen etwas falsch gemacht hat. Er kann sich nicht vorstellen, dass Sie einen kostenlosen Vergleich ausschlagen wollen. Er glaubt, dass er hier im Telefonat mit Ihnen einen Fehler gemacht hat und hat darum gebeten, nochmals auf Sie zuzugehen, um dieses Missverständnis auszuräumen. Sagen Sie, Herr …, woran liegt es, dass Sie einem solchen Kennenlernen gegenüber so skeptisch sind?"

Ob Sie sich für ein solches – zugegebenermaßen schon etwas extremes – Vorgehen entscheiden, bleibt letztlich Ihnen überlassen. Hier sollte jeder sein eigenes Gefühl für Grenzen und das individuelle Handling entwickeln.

Das Motto „Höfliche Hartnäckigkeit hilft" ist jedoch zum Beispiel absolut angebracht, wenn es um das Nachfassen von Angeboten geht. Bestimmt waren Sie schon selbst einmal in der Situation, dass Sie ein Angebot anfertigen ließen und sich nach dem Zusenden dieser Unterlagen niemand mehr bei Ihnen gemeldet hat. Keiner hat das Angebot verfolgt, indem er sich bei Ihnen erkundigte, ob es noch offene Fragen gibt oder ob eventuell Korrekturen notwendig sind. Sicher hat sich daraufhin bei Ihnen ein ganz bestimmtes Gefühl eingestellt, das Gefühl nämlich, als potenzieller Kunde vernachlässigt zu werden. Und Sie haben sich gefragt, ob es dieses Unternehmen nicht einmal nötig hat, nach diesem ersten Kontakt nochmals auf Sie zuzukommen. Als Kunde möchte man eine gewisse Wertigkeit vermittelt bekommen. Die Frage ist doch, ob man eine Geschäftsverbindung mit einer Person oder einem Unternehmen eingehen sollte, von deren Seite keinerlei Schritte unternommen werden, um diesen Kunden für sich zu gewinnen.

Vollkommen unverständlich wird diese „Unterlassung" jedem Kunden, wenn er sich einmal ausrechnet, in welcher Relation die Kosten für die Erstellung eines Angebotes zu den Kosten eines simplen Nachfasstelefonats stehen. Also auch aus betriebswirtschaftlicher Sicht ein teurer Verzicht auf die Chance, einen Kunden zu gewinnen …

In bezug auf das Motto „Höfliche Hartnäckigkeit hilft" ist jeder Verkäufer gefordert, diesen Grundsatz für sich selbst konkret zu definieren. Es ist schwierig – und wohl auch unangebracht –, eine starre Formel zu erstellen, die die Anzahl der Nachfasstelefonate verbindlich regelt und die Intensität überprüfen lässt. Finden Sie für sich heraus, welchen Anforderungen Sie sich stellen möchten und welche Grenzen Ihnen und Ihrer Arbeitsweise entsprechen. Egal, mit welcher Intensität Sie diesen Grundsatz anwenden – auszahlen wird er sich in jedem Fall, mehr oder weniger …

Zusammenfassung

1. Denken Sie immer an das „Gesetz der Zahl": Jeder Anrufer, der Sie ablehnt, bringt Sie ein Stück näher zum nächsten Kunden!

2. Höfliche Hartnäckigkeit hilft! Ein Verkäufer, der zu früh aufgibt, beleidigt den Kunden!

4. Phasen eines aktiven Telefonats zur Terminvereinbarung

Ein erfolgreiches aktives Akquisetelefonat läuft nach einer bestimmten Systematik ab, die ich Ihnen in diesem Kapitel ausführlich vorstelle. Die Kommunikation zwischen Ihnen und Ihrem Gegenüber am Telefon lässt sich in einzelne Phasen gliedern, die Ihnen anhand zahlreicher rhetorischer Hilfestellungen und Tipps erläutert werden. Je bewusster Ihnen die einzelnen Schritte eines solchen Gesprächs sind, desto sicherer werden Sie das Gespräch in seiner Gesamtheit beherrschen.

Phasen eines aktiven Telefonats zur Terminvereinbarung:

▶ Vorzimmerbarriere – Sekretärin

▶ Begrüßung des potenziellen Kunden und
Vorstellung der eigenen Person

▶ Kompetenzauslotung (falls notwendig)

▶ Gesprächseröffnung

▶ Qualifikation des Ansprechpartners (falls notwendig)

▶ Kundenreaktion

▶ Vorwanddiagnose – Einwandbehandlung

▶ Abschlussphase – Terminvereinbarung

▶ Zusammenfassung und Verabschiedung

Diese Phasen kommen in ihrem kompletten Ablauf natürlich nur dann zum Tragen, wenn der Verkäufer als Gesprächsergebnis tatsächlich den gewünschten Gesprächstermin oder zumindest eine entsprechend präzisierte Wiederanrufsvereinbarung mit dem Kunden erreicht.

Eine optimale *Gesprächseröffnung* stellt die Weichen, um beim Gesprächspartner Aufmerksamkeit und Neugier zu wecken.

Mit der – nur zum Teil tatsächlich notwendigen – *Qualifikation des Ansprechpartners* vermeiden Sie von vornherein überflüssige Termine mit potenziellen Kunden, für die das Produkt definitiv nicht geeignet ist.

Immer wieder auffällig sind Unsicherheiten in der Verkaufspraxis, wenn es um die nächste Phase geht, nämlich um die *Vorwanddiagnose und die Einwandbehandlung*. Tatsächlich wird das Telefonat meist in dieser Phase der Kundenreaktionen und der entsprechenden Einwandbehandlung entschieden. Daher wird diesem Schwerpunkt in folgenden Ausführungen besondere Aufmerksamkeit gewidmet.

Wenn es gelingt, die Klippe der Standardeinwände erfolgreich zu umschiffen, ist die gemeinsame *Vereinbarung eines Gesprächstermins* und die Festlegung des Ortes eine einfache Angelegenheit.

Denken Sie auch hier daran: Ein gewisses Maß an Skepsis und Argwohn, die sich in Vorbehalten des Angerufenen äußern, ist vollkommen normal. Diese Haltung des Kunden bringt die alte Verkäuferweisheit in Erinnerung: „Einwände sind die Daseinsberechtigung des Verkäufers."

Vorzimmerbarriere – Sekretärin

Bei der Akquise im geschäftlichen Bereich stellt die Überwindung der Vorzimmerbarriere die erste Phase dar. Bei der Direktansprache von größeren Unternehmen und Konzernen ist im Normalfall eine Telefonzentrale vorgeschaltet, die ohne weitere Umstände an das entsprechende Sekretariat des Inhabers, Einkäufers oder Geschäftsführers durchstellt. Bringen Sie Ihren Wunsch nach dem Ansprechpartner in einer freundlichen und gleichzeitig selbstbewussten Art vor, nachdem sich die Sekretärin gemeldet hat. Wie bereits oben angesprochen, sind auch

hier Konjunktivformulierungen wie: „Ich hätte gerne einmal Herrn …
gesprochen." oder „Wäre es wohl möglich, Herrn … zu sprechen?" wenig förderlich. Mit einer solchen Formulierung katapultieren Sie sich
von Anfang an in eine unterwürfige Position. Angebracht ist hier, seinem Wunsch – nach der Nennung seines Namens – freundlich und präzise Ausdruck zu verleihen durch Formulierungen wie: „Bitte Herrn
…" oder „Ist bitte Herr … zu sprechen?" Wenn Sie den Namen der Sekretärin verstanden haben, ist es ratsam, von der ersten Sekunde an den
Namen der Sekretärin zu integrieren und sie persönlich anzusprechen:
„Frau …, ist bitte Herr … zu sprechen?"

Oft kommt es vor, dass sich aus Ihrer Adressquelle der Name des Inhabers, Geschäftsführers oder auch des Einkäufers nicht schließen lässt.
Vermeiden Sie es auf jeden Fall, die Sekretärin nach dem Namen der
Zielperson zu fragen, denn ein Anrufer, dem die Personalstruktur des
Unternehmens offensichtlich vollkommen fremd ist, wird sofort als
Anrufer „zweiter Klasse" eingestuft. Um sich diesen Widerstand zu ersparen, lohnt es sich, ein separates Informationsgespräch zu führen, um
den Namen zu eruieren und sich in dem nachfolgenden Gespräch auf
das eigentliche Ziel zu konzentrieren: den Termin! Ohne Probleme finden Sie den Namen Ihrer Zielperson heraus, wenn Sie anrufen und eine
Zusendung ankündigen, für die Sie jedoch den Vor- und den Familiennamen der entsprechenden Person benötigen, damit Sie sichergehen
können, dass der Inhalt auf dem richtigen Schreibtisch landet.

Die besten Karten haben Sie im Gespräch mit der Sekretärin, wenn Sie
sich selbst mit komplettem Vor- und Familiennamen vorstellen und
auch den Namen des gewünschten Gesprächspartners mit Vor- und Familiennamen aufführen: Das suggeriert ein hohes Maß an Vertrautheit,
dem sich die Sekretärin kaum verschließen wird. Im Bereich des Ge-
schäftslebens ist es eher selten, dass der Vorname mitgenannt wird, daher wird hier die Assoziation geweckt, dass der Anrufer und die Zielperson persönlich bekannt sind. Eine solche Taktik wird Ihnen den positiven Einstieg in den Dialog mit der Sekretärin sicher erleichtern.

Damit kommen Sie allerdings nicht um die zentrale Frage herum, die in allen Sekretariaten täglich hundertfach gestellt wird: „Um was geht es denn?" Es ist bestimmt nicht von Vorteil, wenn Sie auf diese Frage hin Ihr Geschäftsanliegen unterbreiten und sogar die Produktbezeichnung nennen, denn die Antwort darauf liegt relativ nahe: „Da sind wir bereits bestens eingedeckt, danke, kein Bedarf!"

Vergegenwärtigen Sie sich, dass es in diesem Gespräch erst einmal weniger um Ihr Produkt geht, sondern darum, ein ganz bestimmtes Ziel zu erreichen, nämlich einen Termin zu vereinbaren. In diesem Zusammenhang ist es angebracht, das etwas hart klingende Wort „Termin" Gesprächspartnern gegenüber zu modifizieren: Hier haben sich Ausdrücke mit einer eindeutig positiven Assoziation wie zum Beispiel „persönliche Einladung", „Kennenlernen", „persönlicher Vergleich" oder „persönliches Abwägen" bewährt.

Der Hinweis auf früher zugesandtes Informationsmaterial oder auch auf einen früheren Kontakt kann die Chance für einen Einstieg in das gewünschte Kontaktgespräch sehr erleichtern. Manche Verkäufer finden es durchaus legitim, hier etwas zu flunkern und auf einen früheren Kontakt zu verweisen, der in Wirklichkeit nie bestanden hat. Insbesondere der Hinweis auf ein vorangegangenes Telefonat und auf die Bitte des Angerufenen, sich heute wieder mit ihm in Verbindung zu setzen, lässt der Sekretärin wenig Handlungsmöglichkeiten offen. Sie wird sich bemühen, dem Wunsch ihres Chefs zu entsprechen, und hier keinen Grund sehen, Sie abzublocken. Entscheiden Sie selbst, ob Sie eine solche Vorgehensweise, mit der Sie sich bereits im Graubereich der Akquise bewegen, anwenden möchten. Eine Formulierung könnte ungefähr so lauten: „Frau …, Ihr Chef, Herr …, hat beim letzten gemeinsamen Telefonat Anfang des Jahres darum gebeten, nochmals auf ihn zuzukommen, wenn in unserem Angebot aktuelle Veränderungen aufgetreten sind. Deshalb möchte ich mit diesem Anruf seinem Wunsch nachkommen."

Oft möchte eine Sekretärin mit ihrer Nachfrage nicht einmal unbedingt herausfinden, worum es bei dem Anruf geht, sondern herausfiltern, ob das Telefonat so wichtig ist, dass es sofort durchgestellt werden sollte, oder ob es sinnvoller ist, es auf einen anderen Zeitpunkt in den Tagesablauf der Zielperson zu verlegen. Aus diesem Grunde hat es sich in der Praxis bewährt, an die Aussage zum Gesprächsanliegen gleich die Alternativformulierung anzuhängen: „Frau …, wenn es im Augenblick ungünstig ist, melde ich mich gerne später noch einmal. Ist es besser direkt nach dem Mittagstisch oder im Laufe des Nachmittags?" Die Sekretärin wird automatisch den Tagesablauf der Zielperson gedanklich ablaufen lassen und Ihnen mit großer Wahrscheinlichkeit einen günstigen Anrufzeitpunkt nennen. Der zweite Anlauf wird dann entsprechend glatter ablaufen, da der Anrufer sich direkt auf die Aussage der Sekretärin beziehen kann: „Frau …, Sie sagten am Vormittag, dass jetzt um 15.00 Uhr der beste Zeitpunkt ist, um kurz mit Herrn … zu sprechen." Wie Sie aus Ihrer eigenen Verkaufspraxis wissen, dient der erste Wählversuch meistens sowieso lediglich der Auslotung eines besseren Wiederanrufzeitpunkts, da viele der potenziellen Kunden des geschäftlichen Bereichs oft unterwegs oder durch Besprechungen unabkömmlich sind. Ungeachtet dessen, wie die erste Kontaktaufnahme am Telefon verläuft, sollten Sie eine Verabschiedung mit den Worten: „Dann melde ich mich später noch einmal!" vermeiden. Nutzen Sie hier die Chance, einen exakten Wiederanrufszeitpunkt zu fixieren und sich damit weitere erfolglose Wählversuche zu ersparen.

Betrachten Sie die Sekretärin als Ihre Verbündete! Achten Sie im Umgang mit ihr immer das Gebot der Höflichkeit und geben Sie ihr nicht das Gefühl, dass Sie sie nur als Hindernis auf dem Weg zu einem Gespräch von Chef zu Chef sehen. Mit Arroganz verschließen Sie sich hier die Tür, denn der Arm einer Sekretärin kann sehr weit reichend sein. Wer hier schon von Anfang an die Weichen auf Antipathie stellt, wird dies später direkt oder indirekt zu spüren bekommen.

Wenn Sie an einen besonders „harten Brocken" geraten sind, dann geben Sie nicht auf, bevor Sie nicht den Versuch unternommen haben, einen Gefühlsappell an die Dame im Vorzimmer zu richten. Vielleicht haben Sie doch noch Erfolg mit einer Formulierung wie zum Beispiel: „Frau …, es ist vollkommen klar, dass Sie Ihrem Chef den Rücken freihalten sollen und nicht jeden Anruf durchstellen können. Sie wissen ja selbst: Zu jeder Regel gibt es eine Ausnahme, und bei diesem Anruf handelt es sich genau um diese berühmte Ausnahme. Die Frage ist jetzt, wie wir beide mit dieser Situation umgehen. Was schlagen Sie vor?" Auch Sekretärinnen sind nur Menschen, und es kann durchaus sein, dass Sie Ihnen einen kleinen Tipp gibt, indem sie zum Beispiel auf einen Zeitpunkt verweist, zu dem das Sekretariat nicht besetzt ist und der potenzielle Kunde gewöhnlich selbst den Hörer abnimmt. Das kann während der Mittagspause oder auch nach 17.00 Uhr sein.

Vertreter der hartnäckigen Akquise von Unternehmensinhabern oder Führungskräften in Großkonzernen tätigen ihre Telefonate auch schon mal zu außergewöhnlichen Zeitpunkten wie nach 17.00 Uhr im normalen Wochenablauf oder nach 16.00 Uhr am Freitag, in Extremfällen sogar am Samstagvormittag, denn gerade Ansprechpartner aus den oberen Führungsebenen arbeiten auch außerhalb der gewohnten Bürozeiten. Die Wahrscheinlichkeit ist also durchaus gegeben, dass Sie Ihre Zielperson direkt am Apparat haben. Deshalb lohnt es sich, im Vorfeld eines Telefonats etwas Energie zu investieren, um auf die Durchwahlnummer zurückgreifen zu können.

Einer der Teilnehmer verriet vor einiger Zeit in einem Telefonworkshop den Trick, den er bei der Akquise von Führungskräften und Inhabern anwendet: Er verändert die ihm bereits bekannte Durchwahlnummer oder hängt an die Zentralnummer eine fiktive Durchwahl an, mit der er an einem völlig anderen Arbeitsplatz im Unternehmen landet. Im Normalfall ist ein so erreichter Mitarbeiter sehr hilfsbereit und vermittelt den Anruf als hausinternes Gespräch an die Zielperson weiter. So kann oftmals das Vorzimmer übersprungen werden, da nur externe

Anrufer durch das Sekretariat gefiltert werden, die unternehmensinterne Kommunikation jedoch ohne den Umweg über die Sekretärin geführt wird. Wenn die Technik mitspielt – Voraussetzung für diesen Trick ist natürlich eine entsprechende Telefonanlage – dann haben Sie Ihren Wunschpartner direkt am Apparat!

Der erste Eindruck

Die ersten Sekunden eines Telefonats entscheiden über den ganzen weiteren Verlauf Ihrer Kommunikation mit dem Gesprächspartner. Mit einer gelungenen Begrüßung des potenziellen Kunden und einer guten Vorstellung der eigenen Person werden bereits die Weichen für den weiteren positiven Dialog gestellt. Achten Sie hier bei aller Routine darauf, dass Ihr Ton ruhig und souverän bleibt und Sie nicht in den Fehler verfallen, Ihren Namen und die Unternehmensbezeichnung herunterzuleiern. Allzu oft muss der Angerufene bereits zu Beginn des Gesprächs nachfragen: „Wie war noch mal Ihr Name? Mit wem spreche ich? Von welchem Unternehmen rufen Sie an?" Das liegt meist nicht daran, dass er nicht richtig zugehört hat oder die schlechte Verständigung auf fehlerhafte Technik zurückzuführen ist, sondern dass im „Eifer des Gefechts" – vor allem nach bereits unzähligen geführten Telefonaten – der Verkäufer allzu schnell in eine Leier verfällt und dabei auch noch beginnt, Silben zu verschlucken. Es ist ein hoher Anspruch, auch noch nach drei oder vier Stunden harter Akquise vor allem beim immer gleichen Einstieg in ein Telefonat deutlich und sauber zu artikulieren. Die Anstrengung lohnt sich jedoch gerade hier auf jeden Fall, denn es gilt der Satz:

„Für den ersten Eindruck gibt es keine zweite Chance!"

Es liegt vollkommen in Ihrer Hand, den Angerufenen schon in den ersten Sekunden für sich zu gewinnen, indem Sie ihn neugierig machen: Bringen Sie Ihr Thema kundenorientiert und in knappen Formulierungen auf den Punkt. Mit ausschweifenden Erklärungen und Detailinformationen laufen Sie Gefahr, Ihren Gesprächspartner zu ermüden, und verleiten ihn dazu, den lästigen Anruf zu unterbrechen.

Viele Verkäufer befinden sich auf der immerwährenden Suche nach dem „Zaubersatz", der am schnellsten zur Terminvereinbarung führt, und variieren ihre Formulierungen in jedem Gespräch. Zu empfehlen ist hier eine andere Strategie: Finden Sie Ihre ganz persönliche Formulierung für eine Gesprächseröffnung und nutzen Sie diese konsequent über einen längeren Zeitraum. Sie werden irgendwann merken, dass diese Formulierung zu Ihnen gehört, quasi zu Ihrem persönlichen Maßanzug geworden ist. Das vermittelt Sicherheit, während dauerndes Improvisieren und Umstellen der Formulierungen Verunsicherung bewirkt und später bei Misserfolgen zu Resignation führt.

Die folgenden Grundregeln zur Gesprächseröffnung helfen Ihnen dabei, eine Strategie zu entwickeln, die Ihnen auch durch alle unterschiedlichen Situationen hindurch Sicherheit vermittelt.

Es hat wenig Sinn, sich bei einem spontanen Anruf darauf zu verlassen, dass sich das Gespräch schon irgendwie entwickeln wird: Bereiten Sie sich auf den Anruf vor, indem Sie sich Ihre eigene Strategie zurechtlegen, wie Sie den Einstieg in den Dialog optimal gestalten. Die Gesprächseröffnung dient als kurze komprimierte Präsentation dessen, was Sie Ihrem potenziellen Kunden anbieten wollen. Gelegenheit zu weiteren, kurz gehaltenen Informationen geben Ihnen dann im weiteren Verlauf des Gesprächs die Einwände des Kunden. Diese Einwände werden in keinem Akquisegespräch ausbleiben – betrachten Sie es als berühmte Ausnahme von der Regel, wenn auf eine Gesprächseröffnung einmal keine Einwände folgen und der Termin abgesprochen wird, ohne dass es notwendig war, Einwände zu behandeln. Sie werden die Erfahrung machen, dass ein guter Einstieg in das Termingespräch sicherlich Einfluss auf die Anzahl der Kundeneinwände und Rückfragen hat.

Begrüßung und Vorstellung

Die ersten drei Sekunden der Verständigung sind eine der schwierigsten Phasen des Gesprächs: Der Angerufene ist erst einmal damit gefordert, sich an Ihre Stimme zu gewöhnen und ist für die ersten Silben deshalb noch gar nicht richtig aufnahmefähig. Daher ist es nicht unbedingt empfehlenswert, die Begrüßung so zu gestalten, dass Sie zuerst Ihren Namen oder den Unternehmensnamen nennen und dann den potenziellen Kunden begrüßen. Überbrücken Sie diese ersten kritischen Sekunden, indem Sie seinen Namen nennen! Jeder Mensch fühlt sich geehrt, wenn man ihn mit seinem Namen anspricht. Auch Ihr Gesprächspartner wird es schätzen, wenn Sie seinen Namen erwähnen und anschließend zu Ihrer eigenen Vorstellung übergehen. Denn zwei Dinge hört jeder Mensch gern: an erster Stelle ein Lob oder einfach nur ein freundliches Wort und an zweiter Stelle seinen eigenen Namen. Die besondere Bedeutung von Lobformulierungen wird im Rahmen der Einwandbehandlung in Kapitel 4 erläutert.

Es lohnt sich, den Sympathiefaktor „Kundenname" noch weiter zu verdeutlichen. Sie haben es bestimmt im Einzelhandel schon erlebt, dass ein Verkäufer Sie an der Kasse mit Ihrem Namen angesprochen hat, nachdem Sie ihm Ihre Scheck- oder Kreditkarte überreicht haben. Wenn er Ihnen dann auch noch mit Nennung Ihres Namens einen schönen Feierabend oder eine gute Woche wünscht, bin ich mir sicher, werden Sie ihn in guter Erinnerung behalten! Die Freundlichkeit dieses Mitarbeiters an der Kasse sorgt ganz einfach dafür, dass Sie sich mit Respekt wahrgenommen und als Kunde „geehrt" fühlen, und Sie werden es dem Kassierer mit Sympathie danken. Das Gleiche geschieht am Telefon. Zwar ist der Effekt durch die rein auditive Ebene nicht so stark wie zum Beispiel bei einem persönlichen Zusammentreffen. Allein die Tatsache jedoch, dass Sie den Namen des Gesprächspartners aussprechen und so einen Bogen zu ihm spannen, bewirkt einen Sympathiebonus, der Ihnen im weiteren Gespräch von Vorteil sein wird.

Für den Fall, dass Sie zu Beginn eines Gesprächs nicht sicher sind, ob Sie die gewünschte Person bereits am Telefon haben, ist es sinnvoll, sich mit einer aufwertenden Kontrollfrage rückzuversichern, die wie folgt formuliert werden kann: „Herr … *persönlich?*" oder „Herr *Egon* …?" Nach einer solchen Rückfrage steigen Sie mit der Begrüßung des Ansprechpartners in das Gespräch ein – wenn Sie denn den Richtigen an der Strippe haben. Gerade bei der Akquise im Privatbereich bzw. beim Nachfassen bei Endverbrauchern können sich leicht Unsicherheiten ergeben, wenn der Anrufer nicht weiß, ob er mit Junior oder Senior verbunden ist bzw. ob er nun die Tochter am Apparat hat oder die „Dame des Hauses". Durch eine freundliche Nachfrage kann diese Unsicherheit sofort aus der Welt geschafft werden.

Ob Sie sich nach der Begrüßung dafür entscheiden, zuerst Ihren Namen oder den des Unternehmens zu nennen, hängt von verschiedenen Faktoren ab. Bei einem Kunden, der bereits seit einigen Jahren in einer guten Geschäftsbeziehung mit dem Unternehmen und auch in einem guten Verhältnis zu Ihnen steht, ist es fast angebracht, den Unternehmensnamen wegzulassen: Damit bauen Sie auf einem bestehenden Vertrauen auf und geben Ihrer Verbindlichkeit dem Kunden gegenüber Ausdruck.

Bei der Neuakquise allerdings gilt die Regel: Vom Allgemeinen ins Spezielle, das heißt: An erster Stelle nennen Sie Ihr Unternehmen und an zweiter Stelle Ihren Namen. Eines der Grundgesetze der Kommunikation lautet: *Das zuletzt Gesagte bleibt am stärksten haften.* Mit der Nennung Ihres Namens an zweiter Stelle dringt er also besser in das Bewusstsein des Kunden – und im optimalen Fall bleibt er auch dort. Machen Sie sich in dem Zusammenhang bewusst, dass ein Kunde nur in den wenigsten Fällen einen Termin mit dem Unternehmen wahrnimmt, sondern in erster Linie mit dem Verkäufer. Die Person des Verkäufers ist es, die maßgeblich im Vordergrund steht, denn kein Kunde wird Geschäftsbeziehungen eingehen mit Personen, die ihm unsympathisch oder wenig Vertrauen erweckend erscheinen. Diese Tatsache wird unter anderem dadurch belegt, dass viele Verkäufer die Geschäftsbeziehungen zu ihren Kunden aufrechterhalten können, nachdem sie ihr Unternehmen gewechselt haben. Der Kunde hat das Bedürfnis nach einer zuverlässigen und vertrauensvollen Zusammenarbeit, die am ehesten über den persönlichen Kontakt hergestellt werden kann.

Auch wenn der Name des Unternehmens, für das Sie akquirieren, relativ unbekannt ist, empfiehlt es sich, die Unternehmensbezeichnung voranzustellen. Es hat sich in der Praxis gezeigt, dass viel eher Rückfragen zum Unternehmen gestellt werden, wenn es im Anschluss an die Begrüßungsphase erst nach dem persönlichen Namen des Verkäufers genannt wird. Mit dem Einhalten dieser Reihenfolge vermeiden Sie, dass Ihr Gesprächskonzept schon in den ersten Sekunden durch den potenziellen Kunden mit der Rückfrage: „Von welchem Unternehmen rufen Sie an?" quasi boykottiert wird. Die Anzahl der Rückfragen kann sogar noch reduziert werden, wenn Sie Ihrem Familiennamen den Vornamen hinzufügen. Dadurch wird die Aufmerksamkeit des Angesprochenen noch stärker auf die Person des Verkäufers gelenkt, denn diejenigen, die sich am Telefon mit Vor- *und* Nachnamen melden, gehören immer noch zur Minderheit.

Wenn Sie einen noch stärkeren Akzent setzen wollen, versuchen Sie sich einmal an der rhetorischen Regel D = 3 W, die besagt, dass die **d**oppelte Nennung eine **drei**fache **W**irkung erzeugt. Manche nennen sie auch die James-Bond-Methode. Erinnern Sie sich, wie sich der Geheimagent im Film vorstellt? „Mein Name ist Bond, James Bond." Wenn diese Art und Weise sich vorzustellen auch nicht jedem liegen mag, sie hat auf jeden Fall den Vorteil, dass der Unternehmensname stärker überlagert und die Aufmerksamkeit noch stärker auf die Person des Anrufers gelenkt wird. Am besten hört es sich an, wenn Sie einen kurzen prägnanten Eigennamen haben, im umgekehrten Fall allerdings – bei einem Doppelnamen oder einem besonders langen Nachnamen –

rate ich von dieser Methode eher ab: Man sollte die Geduld des Gesprächspartners hier nicht unnötig strapazieren. Die Methode empfiehlt sich wiederum bei Nachnamen, die auch als Vornamen gebräuchlich sind, da ansonsten das Nennen des Familiennamens vom Kunden intuitiv als Versuch einer plumpen Anbiederung aufgefasst werden könnte. Hier wird durch die doppelte Nennung ein klarer Akzent gesetzt, der eine solche Situation – die für beide Seiten unangenehm sein kann – verhindert. Achten Sie insgesamt darauf, dass Sie mit Ihrer Sprache nicht allzu sehr ins Stereotyp verfallen, eine kleine Pause zwischen den Telefonaten – gerade so lange, dass der „Drive" nicht wegfällt – kann dem ganz gut entgegenwirken. Der Kunde möchte nicht das Gefühl haben, dass er einer aus einer langen, langen Kette von angerufenen Personen ist. Versuchen Sie immer – und das von der Gesprächseröffnung an – Ihrem Kunden das Gefühl von Besonderheit zu geben!

Probieren Sie einmal aus, ob sich Ihr Name vielleicht auch für die weichere Variante eignet: Sie nennen zuerst den Familiennamen, fahren dann mit der Unternehmensbezeichnung fort und wiederholen anschließend nochmals Vor- und Nachnamen. Auf diese Weise wird das Unternehmen geradezu in den Verkäufernamen eingebettet.

Varianten zur Begrüßung und Vorstellung:

▷ „Guten Tag, Herr …, hier ist das Büro Glücklich, mein Name ist Schlau."

▷ „Hallo, guten Tag, Herr …, hier ist das Büro Glücklich in Köln, mein Name ist Egon Schlau."

▷ „Grüße Sie, Herr …, hier ist das Büro Glücklich, mein Name ist Schlau, Egon Schlau."

▷ „Hallo, guten Tag, Herr …, mein Name ist Schlau vom Büro Glücklich, Egon Schlau."

Die Erwähnung der Ortsbezeichnung kann durchaus einen Sinn haben: Wenn Sie zum Beispiel im Einzelfall eine geographische Nähe zum Angerufenen dokumentieren wollen, oder wenn dadurch ein Ferngespräch mit entsprechender Wertigkeit signalisiert wird. Dabei weckt der Name einer Großstadt sicher andere Assoziationen als derjenige eines Ortsnamens, der nur im näheren Umkreis bekannt ist.

Vom Anhängen der entsprechenden Rechtsform wie zum Beispiel GmbH an den Unternehmensnamen rate ich in diesem Zusammenhang eher ab, sie ist absolut überflüssig und widerläuft dem angestrebten emotionalen Einstieg in das Gespräch mit dem potenziellen Kunden. Auch vom Gebrauch der Bezeichnung „Firma" ist abzuraten, da hierdurch eher die Assoziation „Krämerladen" ausgelöst wird.

Kompetenzauslotung

In manchen Fällen – je nach Akquisestrategie und Zielgruppe – kann es direkt nach der Begrüßung und der Vorstellung erforderlich sein, eine Kompetenzauslotung vorzunehmen. Sie möchten von Anfang an sicher sein, dass der momentane Gesprächspartner der „Richtige" ist, das heißt derjenige, der über die Kompetenz verfügt, eine Entscheidung zu treffen, die per Telefon herbeigeführt werden soll. Nicht immer ist der Inhaber oder Geschäftsführer, der Marketingleiter oder der Einkäufer der richtige Ansprechpartner bei der Akquise von Geschäftskontakten. Auch beim Anruf bei Privatpersonen unterstellt der Verkäufer viel zu oft, dass – je nach Geschäftszweck – der Ehemann bzw. die Ehefrau automatisch der richtige Ansprechpartner oder die richtige Ansprechpartnerin ist. Seminarteilnehmer aus der Finanzdienstleistungsbranche berichten immer wieder davon, dass gerade in Handwerksbetrieben oder auch in Arztpraxen innerhalb der Familie eine klare Aufgabenteilung herrscht, und dass die Ehefrau oft für sämtliche Entscheidungen rund um das Thema Finanzen verantwortlich ist. Wenn in Datenbanken, aus denen Sie Ihr Adressenpotenzial beziehen, der Ehemann als Handwerker mit Meistertitel oder als Inhaber der Praxis eingetragen ist, heißt das noch lange nicht, dass es nicht eine zweite Person gibt, die betriebsintern eine maßgebliche Rolle für Ihren Gesprächserfolg spielt.

Achten Sie deshalb bei Ihrem Anruf darauf, dass Sie eine solche Person in Ihr Kalkül miteinbeziehen und nicht etwa den Fehler begehen, aus einer Fehleinschätzung heraus das Geltungsbedürfnis des kompetenten Gesprächspartners zu verletzen. Je größer das Unternehmen, desto wichtiger ist die entsprechende Rückversicherung, da für einen Außenstehenden die jeweilige Abgrenzung im Verantwortungsbereich nur schwer auszumachen ist. Wenn Sie im Zweifel sind, bedienen Sie sich in der gewerblichen Akquise der *Top-down-Strategie,* das heißt: Beginnen Sie mit Hans und sprechen Sie dann mit Hänschen. Wenn der Inhaber eines Unternehmens Sie an den entsprechenden Abteilungsleiter verweist, haben Sie bei diesem einen bedeutend leichteren Einstieg als wenn Sie von einer Person in der mittleren Führungsebene auf den zuständigen Ansprechpartner in der ersten Führungsebene verwiesen werden.

Prüfen Sie von Fall zu Fall, ob eine Kompetenzauslotung notwendig ist, Sie reduzieren damit den Gesprächsaufwand insgesamt und ersparen sich nach einer ausführlichen Erläuterung Ihrerseits den Satz des Gesprächspartners: „Dafür bin nicht ich, sondern Herr … verantwortlich."

Formulierungen zur Auslotung der Kompetenz:

▶ „Herr …, sind Sie der verantwortliche Abteilungsleiter für die Gestaltung des Messestandes im Rahmen der X-Messe?"

▶ „Herr …, wenn es um die Einführung eines neuen Produktes geht, sind Sie der richtige Ansprechpartner oder entscheidet das einer Ihrer Kollegen?"

▶ „Frau …, sind Sie die Finanzministerin in der Familie oder werden kaufmännische Entscheidungen mehr von Ihrem Mann getroffen?"

63

Professionelle Gesprächseröffnung

> *„Ein jeder Mensch will etwas gelten*
> *und hält sich selbst für äußerst selten.*
> *Doch eines kann er nicht recht fassen,*
> *er soll auch andere gelten lassen."*
>
> *Eugen Roth*

Von elementarer Bedeutung für eine professionelle Gesprächseröffnung und für den weiterführenden gelungenen Dialog mit dem potenziellen Kunden ist das rhetorische Stilmittel des *„Sie-Standpunktes"*. Nur wenige Verkäufer beherrschen diese Technik oder haben sich auch nur mit ihr vertraut gemacht, da sie in der gängigen Verkaufsliteratur meist nur flüchtig behandelt wird. Das ist umso erstaunlicher, wenn man sich einmal mit der Wirkung im Gespräch auseinander gesetzt hat, die die sprachliche Sie-Orientierung auf den Verlauf eines Dialogs haben kann. Es lohnt sich, die Psychologie, die dieser Interaktion zugrunde liegt, eingehender zu betrachten. Es folgen einige beispielhafte Formulierungen, die Sie in Ihrer Verkaufspraxis einsetzen können.

Der natürliche Egoismus des Menschen drückt sich nicht nur in seinen alltäglichen Verhaltensweisen aus, sondern auch sehr deutlich in seiner Sprache. Sicher haben Sie schon einmal erlebt, wie zum Beispiel beim gemeinsamen Betrachten von Fotos Ihr Gegenüber Sätze formuliert wie: „Wie sehe *ich* denn da aus! Da bin *ich* aber schlecht getroffen. Das Foto von *mir* darf man ja niemandem zeigen. Da bin *ich* ja fast verdeckt. Da bin *ich* schlecht getroffen." Oder können Sie sich an Situationen erinnern, in denen eine Person, die gerade eben von einer schmerzlichen Erfahrung berichtet hat, sofort von einem Gesprächspartner übertrumpft wird: Es folgt eine Geschichte, die diejenige der ersten Person durch die Schilderung des *noch* größeren Schmerzes oder des *noch* größeren Ärgers in den Schatten stellt. Dieses rhetorische Spiel kann auch immer wieder verfolgt werden, wenn zwei Verkäufer aufeinandertreffen und sich über ihr Berufsleben austauschen. Während der eine Verkäufer noch über den letzten schwierigen Termin klagt, setzt sein Kollege schon ein: „*Ich* hatte letzte Woche einen Termin, der war noch schwieriger!" oder „*Ich* hatte einen noch viel widerspenstigeren Gesprächspartner!" Und wenn Sie in Ihrem Alltag einmal darauf achten, wird Ihnen auffallen, dass dieses sich gegenseitige Übertrumpfenwollen in allen möglichen Situationen des Lebens immer wieder auftaucht, ob das Krankheiten betrifft, sportliche Ergebnisse, Erlebnisse im Straßenverkehr oder auch Urlaubsabenteuer ...

Das Wort, das auch in der telefonischen Kommunikation am häufigsten benutzt wird, ist das kleine Wörtchen „Ich". In zahlreichen Untersuchungen sowohl aus dem europäischen als auch aus dem amerikanischen Raum, die sich mit dem menschlichen Sprachverhalten befassen, wurde bestätigt, dass kein Wort am Telefon so häufig gebraucht wird wie das „Ich". Achten Sie einmal darauf, wie oft ein Telefonat mit folgenden Worten beginnt:

„*Ich* rufe an wegen ..."

„*Ich* sollte mich bei Ihnen melden ..."

„*Ich* habe da noch eine Frage ..."

„*Ich* hatte Ihnen einen Brief geschickt ..."

„*Ich* wollte einmal nachhören ..."

Bereits in der Schule haben wir alle gelernt, dass es als unhöflich gilt, einen Brief mit „Ich" zu beginnen. Es fällt uns natürlich wesentlich leichter, diese Regel zu befolgen – da das visuell präsentierte Wort bei weitem stärker in das Bewusstsein dringt als das gesprochene Wort – als das „Ich" in unserer verbalen Kommunikation zurücktreten zu lassen.

Die Reduzierung des „Ich"-Gebrauchs in unserer Verkaufssprache ist ein äußerst wichtiges Mittel, um eine kundenorientierte Gesprächsführung aufzubauen, die durch zu viele Ich-Formulierungen gar nicht erst zustande kommen kann. Man spricht in diesem Zusammenhang auch von der „Bipolarität der Kommunikation". In der Philosophie ist es einer der wichtigen Grundsätze, dass alles im Leben zwei Pole hat, das Leben also insgesamt bipolar ausgerichtet ist. Dieses Prinzip findet sich in allen möglichen Lebensbereichen wieder, ob es das Gesetz von Ursache und Wirkung betrifft, das Resonanzgesetz, die chinesische Philosophie des Yin und Yang oder auch zum Beispiel das Täter-Opfer-Prinzip. Alles manifestiert sich in Pol und Gegenpol – auch die menschliche Kommunikation.

Diese Erkenntnis wird in der Praxis bisher viel zu wenig beachtet, das heißt, der Sie-Standpunkt findet in der Kommunikation bei weitem nicht die Berücksichtigung, die für eine erfolgreiche Gesprächsführung angebracht wäre. Machen Sie sich einmal bewusst, dass Ihr Gesprächspartner sich während des Telefonats mit Ihnen unbewusst genau folgende Fragen stellt:

„Was habe *ich* davon, wenn ich einem Termin zustimme?"

„Weshalb soll *ich* mir die Zeit nehmen, ein persönliches Gespräch zu führen?"

„Weshalb soll *ich* hier in meinem Terminbuch eine Stunde Zeit reservieren?"

„Was bringt es *mir*, wenn *ich* mich mit diesem Angebot auseinander setze?"

„Weshalb soll *ich* auf Unterlagen verzichten und einem Kennenlernen zustimmen?"

„Weshalb soll *ich* einen weiteren Anbieter in *meine* Entscheidungsfindung miteinbeziehen?"

Ihre Argumentationskraft in der Rolle desjenigen, der das Gespräch eröffnet und ein Anliegen an sein Gegenüber hat, wird stärker, wenn Sie Ihr gesamtes Sprachverhalten – von der Gesprächseröffnung an – Sie-orientiert ausrichten. Nur dann ist die Möglichkeit gegeben, diese unbewussten Fragen des Gesprächspartners auch zu berücksichtigen und zu beantworten. Bleibt der Verkäufer beim Ich-Standpunkt, so spricht er im Prinzip *zu* dem potenziellen Kunden, aber nicht *mit* ihm – und die Praxis hat gezeigt, dass die Wahrscheinlichkeit einer Terminvereinbarung erheblich steigt, wenn Sie den Dialog *mit* Ihrem Gesprächspartner führen. Untersuchungen belegen, dass der Mensch während einer Minute seines Redeflusses fünf bis sieben Mal Ich-bezogene Worte benutzt, also: Ich, mir, meiner, mich, wir und unser. Aufgrund der eher extrovertierten Persönlichkeitsstruktur von Verkäufern kann bei ihnen sogar eine noch häufigere Verwendung dieser Worte beobachtet werden. Im Privatgespräch ist es durchaus möglich, dass ein Gesprächspartner, der sich auf diese Weise verbal in den Vordergrund stellt, im Anschluss von seinem Gegenüber als „Ich-Redner" bezeichnet wird – und das ist nicht unbedingt ein Kompliment!

Sie sind sich eines bedeutend höheren Maßes an Sympathie und Akzeptanz sicher, wenn Sie den Ich-Standpunkt durch den Sie-Standpunkt ersetzen, das heißt, durch die Verwendung von Worten wie: Sie, Ihnen, Name des Gesprächspartners und Nennung des Unternehmensnamens anstelle des „wir". In diesem Kontext geht es natürlich nicht nur darum, einfach die Worte auszutauschen, sondern insgesamt eine kundenorientierte Darstellung zu erreichen. Dahinter steckt auch die Fähigkeit, eine andere Weltsicht einzunehmen und das Gegenüber dadurch für sich zu gewinnen. Henry Ford – wie Sie wissen, einer der erfolgreichsten Männer der Wirtschaftsgeschichte – hat es sehr schön auf den Punkt gebracht:

„Wenn es überhaupt ein Geheimnis des Erfolgs gibt, so besteht es darin, die Dinge ebenso von der Warte des anderen aus zu betrachten wie von der eigenen."

Versuchen Sie einmal, folgende Beispiele für die Umwandlung der Ich-Formulierungen in die Sie-Formulierung in die Praxis umzusetzen:

Ich-Formulierung	Sie-Standpunkt
Ich schicke Ihnen das zu.	Die Sachen gehen noch heute an *Sie* raus.
Ich rufe an wegen …	Der Anruf heute bei *Ihnen* hat einen ganz besonderen Grund.
Ich verspreche Ihnen, dass …	*Sie* können sich darauf verlassen, dass …
Ich schlage Ihnen vor … sich	In *Ihrer* Situation bietet es an …
Ich kann Ihnen das nur empfehlen.	Wenn *Sie* sich dazu entschließen, hat es für *Sie* folgenden Vorteil …
Ich kann Sie gut verstehen … Recht.	*Sie* haben vollkommen
Wir melden uns wieder bei Ihnen.	Wann sind *Sie* telefonisch am besten zu erreichen?
Meiner Meinung nach …	Inwiefern stimmen *Sie* zu, dass … Sicher haben *Sie* auch die Erfahrung gemacht, dass …
Ich möchte Ihnen das einmal zeigen …	*Sie* können sich einmal selbst ein Bild machen.

Jede Erwähnung im Sie-Standpunkt, jedes „Sie" und „Ihnen" erhöht die Sympathie und die Akzeptanz beim Gegenüber, da diese Formulierungen aus der Warte des Zuhörers wie ein „Ich" wirken – und genau damit streicheln Sie sein Geltungsbedürfnis und seinen Egoismus. Es ist angebracht, diese Umstellung auf den umgangssprachlichen Bereich zu beschränken, das heißt: Setzen Sie lediglich umgangssprachliche Formulierungen in den Sie-Punkt und vermeiden Sie gestelzt klingende Formulierungen wie zum Beispiel „Sie werden wieder angerufen." anstelle von „Ich rufe Sie wieder an." Wohl keiner von uns würde sich normalerweise so unterhalten …

Wie jede Regel, so hat auch diese ihre Ausnahme, genauer gesagt zwei Ausnahmen. Als erste Ausnahme hat es sich bewährt, das Wörtchen „wir" als Ausdruck für die Solidarität mit dem Kunden in Zusammenhang mit dem zweiten Wörtchen „gemeinsam" zu benutzen und hierdurch die Verbindung mit dem Kunden zu verstärken.

Lassen Sie einmal folgende Formulierungen in sich nachklingen:

▶ „Wann können wir gemeinsam miteinander telefonieren?"

▶ „Wann wollen wir gemeinsam einen Termin abstimmen?"

▶ „Dann halten wir gemeinsam fest …"

Zweite Ausnahme ist die so genannte „Selbstbezichtigung". Das heißt, der Verkäufer hält sich an den kommunikativen Grundsatz:

„Der Sender ist verantwortlich – nicht der Empfänger."

und nimmt zum Beispiel im Falle eines Missverständnisses im Gespräch die Schuld auf sich. Statt Ihr Gegenüber mit Formulierungen zu konfrontieren wie: „Dann haben Sie das mißverstanden." oder „Dann haben Sie das falsch ausgelegt." , vermeiden Sie Spannungen in der Gesprächssituation durch Formulierungen wie: „Dann habe ich das wohl falsch ausgedrückt." oder „Dann bin ich wohl von falschen Voraussetzungen ausgegangen."

Eine noch stärkere Form dieser Selbstbezichtigung haben Sie bereits im Abschnitt „Höfliche Hartnäckigkeit hilft" in Kapitel 3 kennen gelernt. In der gesamten Ausrichtung ging es darum, beim ersten Kontakt eine stark Sie-orientierte Gesprächseröffnung und Einwandbehandlung zu praktizieren, um dann im zweiten Anlauf mit der konträren Vorgehensweise der Selbstbezichtigung einen weiteren Versuch zu starten.

Vergleichen Sie einmal folgende exemplarische Gesprächseröffnungen sowohl im Ich-Standpunkt als auch im Sie-Standpunkt miteinander:

Nachfassen Mailing:

„Herr ..., *wir* hatten letzte Woche einen Brief an Sie geschickt. In diesem Brief ging es um X und um Y. Ich rufe heute bei Ihnen an, um zu erfahren, ob ich Ihnen die eine oder andere Frage hierzu beantworten kann."

*„Herr ..., letzte Woche ist ein Schreiben an **Sie** rausgegangen. In diesem Schreiben an **Sie** ging es um X und um Y. Sicher sind **Ihrerseits** hierzu noch Fragen offen, deshalb ist es wichtig, von **Ihnen** zu erfahren, wozu **Sie** noch nähere Informationen benötigen."*

Reaktivierung Altkontakt:

„Herr ..., beim letzten Telefonat hatte *ich* Ihnen versprochen, dass *ich* zum gegebenen Zeitpunkt nochmals bei Ihnen anrufe. *Ich* kann Ihnen

heute ein ganz besonderes Angebot machen, deshalb hätte *ich* gerne ge-
wusst, inwieweit das Thema X immer noch für Sie in Frage kommt."

*„Herr ..., beim letzten gemeinsamen Telefonat sagten **Sie**, dass **Sie**
weiterhin an interessanten Angeboten zum Thema X interessiert sind.
Sie hatten ausdrücklich darum gebeten, zu einem späteren Zeitpunkt
bei **Ihnen** anzuklingeln, um **Sie** zum Thema X auf dem laufenden zu
halten. Wie wichtig sind **Ihnen** augenblicklich Informationen zu diesem
Bereich?"*

Nachfassen Empfehlungen:

„Herr ..., vorgestern habe *ich* mit Ihrem Kollegen zusammengesessen.
Dem konnte ich Möglichkeiten zu X und Y vorstellen. Ihr Kollege war
sehr angetan davon und er hat *mich* darum gebeten, dass *ich mich* auch
einmal mit Ihnen in Verbindung setze. Wann kann *ich* Ihnen das einmal
in der nächsten Woche zeigen?"

*„Herr ..., in der vergangenen Woche hat sich Ihr Kollege über X und Y
informiert. **Ihr Kollege war sehr angetan davon**, aufgrund dessen hat
er darum gebeten, **Ihnen** das auch einmal vorzustellen, damit **Sie** sich
hier persönlich ein Bild machen können. Inwiefern ist es von **Ihrer** Seite her machbar, für die nächste Woche hier ein gemeinsames Kennenlernen abzustimmen?"*

Haben Sie verglichen? Dann können Sie sich sicher vorstellen, dass es
sich lohnt, im Vorfeld einer Gesprächseröffnung etwas Energie in die
Ausarbeitung einer kundenorientierten Formulierung zu investieren –
die oben stehenden Beispiele helfen Ihnen dabei. Nach einiger Übung
werden Ihnen diese Sie-Formulierungen im Verkaufsgespräch genauso
leicht über die Lippen gehen wie momentan noch die Ich-Formulierungen – und Sie werden sicher die positive Veränderung in der Ge-
sprächsdynamik registrieren.

Der Kunde kauft nicht das Produkt, sondern den Nutzen

> *„Verkaufen Sie keine Bohrmaschine,*
> *sondern das Loch in der Wand."*

Stellen Sie sich einmal folgende Situation vor: Sie besuchen ein Wirtshaus und auf die Frage, was es denn bitte so zum Essen gibt, verlässt der Wirt den Raum und kehrt nach kürzester Zeit wieder zurück mit einem stinkenden Schwein, das er an einem Strick hinter sich herzieht. Und er preist Ihnen an, dass er Ihnen gerne dieses Ferkel zubereiten kann. Stinkend, quiekend, frisch aus dem Stallmist steht nun dieses Schwein im Wirtsraum. Was meinen Sie: Weckt das unbedingt Ihren Appetit oder ist Ihnen bei seinem Anblick doch eher der Hunger vergangen? Obwohl Sie noch vor Betreten des Wirtshauses einem guten Stück Schweinefleisch gar nicht so abgeneigt gewesen wären! Da hatten Sie allerdings eher an ein saftiges Schweinenackensteak gedacht oder an ein köstlich zubereitetes Schnitzel! Ganz bestimmt hatten Sie nicht das im Sinn, was Ihnen der Wirt gebracht hat: nämlich das Rohprodukt, das weder Ihren Hunger stillen kann noch in irgendeiner Weise appetitanregend wirkt. Um wieviel angenehmer wäre es gewesen, wenn der Wirt Ihnen gleich ein saftiges, ansprechend garniertes Schweineschnitzel mit einigen leckeren Beilagen serviert hätte. Ganz bestimmt hätten Sie *dazu* Ja gesagt!

Genau wie dieser Wirt verhalten sich viele Verkäufer in der Telefonakquise. Schon bei der Gesprächseröffnung ziehen sie das Ferkel hinter sich her und wundern sich dann, wenn der Kunde sagt: „Nein danke, ich habe keinen Appetit!" Das Ziel der Gesprächseröffnung liegt vielmehr darin – um bei diesem etwas drastischen und doch einleuchtenden Bild zu bleiben –, dem Kunden anstelle des Produktes hier ein „Schnitzel" anzubieten. Das Produkt als solches ist nämlich für den Kunden niemals der eigentliche Kaufgrund, dieser besteht vielmehr aus dem Nutzen. Nach genau diesem Prinzip funktionieren auch richtig gelungene Werbespots. Denken Sie nur an eine gute Werbung für Weichspüler: Hier wird nicht der Weichspüler an sich verkauft, sondern das, was die Hausfrau eigentlich erwerben will: das gute Gewissen der Familie gegenüber, das die Ehefrau und Mutter in der Werbung verkörpert! In der Werbung bekommen wir auch nicht direkt das neue Auto suggeriert, sondern die Gefühle von Freiheit, Flexibilität, Status, Anerkennung usw., die ein solches Auto mit sich bringt! In der Werbung wird diese Erkenntnis geradezu mustergültig umgesetzt. Im Verkauf dagegen wird noch viel zu produktorientiert agiert. Es gibt bestimmte Produktbezeichnungen, die sogar geradezu abschreckend wirken, wie etwa Versicherung, Kapitalanlage oder Immobilie. Begriffe wie Urlaub, Schmuck oder Kleidung zum Beispiel sind dagegen sicher mit einer positiveren Assoziation besetzt, obwohl es sich auch hier um eine reine Produktansprache handelt.

Der Hinweis, mit Kunden nicht über Produkte, sondern über Nutzen und über Lösungen zu sprechen, ist in der gängigen Verkaufsliteratur schon hinreichend behandelt worden. Die meisten Verkäufer werden sich mit diesem Leitsatz schon einmal beschäftigt und auch versucht haben, ihn entsprechend in ihr Verkaufsgespräch vor Ort einfließen zu lassen. Bei der Telefonakquise scheint dieses Prinzip – das heißt die Nutzenargumentation bzw. nach unserem Beispiel die „Schnitzeltechnik" – dagegen immer noch eher vernachlässigt zu werden.

Wenn Sie einen neuen, Ihnen noch unbekannten Kunden anrufen, dann haben Sie erst einmal keine Ahnung, welches Gericht ihm wohl schmecken könnte. Stellen Sie sich vor, Sie würden ihm in der Gesprächseröffnung – und hier bleiben wir ganz einfach bei unserem Bild – ein schmackhaftes Jägerschnitzel servieren, ohne zu wissen, dass Ihr Kunde in der Vergangenheit einmal ganz furchtbar unter einer Pilzvergiftung gelitten hat. Die Chance, dass dieses Gericht von Ihrem Kunden auch nur andeutungsweise akzeptiert wird, ist also verschwindend gering. Aus diesem Grund hat es sich bei nahezu allen Gesprächseröffnungen bewährt, beim Gesprächseinstieg zwei „Schnitzel" zu integrieren, umso eine doppelte Trefferchance zu haben. Der Kunde wird gedanklich zwischen diesen beiden Gerichten wählen und sich im Normalfall für das angenehmere entscheiden. Je mehr Vorkenntnisse Sie über die zu akquirierende Zielgruppe haben, desto spezifischer können Sie diese „Schnitzel" natürlich umschreiben. Menschen haben grundsätzlich gerne die Möglichkeit zu wählen – und sie wählen auch tatsächlich gerne aus, das heißt mit Ihren zwei verschiedenen Angeboten geben Sie Ihrem Kunden das angenehme Gefühl, etwas auswählen zu dürfen. Damit erhöhen Sie seine Akzeptanz um ein erhebliches. Für die Verbindung der beiden „Schnitzelformulierungen" haben sich folgende drei Zauberworte in der Praxis bewährt: *gleichzeitig, außerdem* und *darüber hinaus*.

Formulierungen für die gewerbliche Akquise:

▶ „Herr ..., es geht darum, wie Sie die Liquidität für Ihren Betrieb erhöhen können und *gleichzeitig* Ihre Kunden noch stärker an Ihr Unternehmen binden."

▶ „Herr ..., es geht darum, wie Sie Betriebsabläufe noch weiter optimieren, dadurch eine höhere Effizienz in der Herstellung erreichen und *darüber hinaus* den Bekanntheitsgrad in Ihrer Branche erheblich steigern."

▶ „Herr ..., es geht darum, wie Sie die betrieblichen Aufwendungen um bis zu zehn Prozent reduzieren können und *außerdem* neue Zielgruppen für Ihr Angebot erschließen."

Formulierungen für die Gewinnung von privaten Kunden:

▶ „Herr …, es handelt sich hierbei um ein Angebot, wodurch Sie die Lebensqualität für sich und Ihre Familie optimieren und *außerdem* einen wesentlichen Beitrag für Ihre Gesundheit leisten."

▶ „Herr …, es handelt sich um die Möglichkeit, zukünftig Ihr Geld, für das Sie hart gearbeitet haben, noch Gewinn bringender arbeiten zu lassen und *gleichzeitig* die letzten vorhandenen Schlupflöcher des Steuerrechts in Anspruch zu nehmen."

▶ „Herr …, Sie erhalten gerne einmal konkrete Zahlen, die Ihnen Einsparungen im Haushaltsbudget offenlegen, ohne dass Sie den Lebensstandard reduzieren müssen, und *darüber hinaus* können Sie Vergünstigungen in Anspruch nehmen, wie sie sonst nur Geschäftsleuten zugänglich sind."

In vielen Fällen empfiehlt es sich, die Einleitung der Nutzenargumentation mit dem Wörtchen „noch" zu kombinieren. Durch diese Steigerung, den Einsatz des Komparativs, vermeiden Sie, dass der Kunde sich eventuell verletzt oder angegriffen fühlt, weil Sie ihm unterstellen, dass er seine finanziellen Angelegenheiten wohl bisher „nicht so richtig im Griff hatte". Durch den Einschub des „noch" unterstellen Sie ihm im Gegenteil, dass er seine privaten oder geschäftlichen Angelegenheiten bisher optimal gestaltet hat und er hier lediglich noch eine Optimierung angeboten bekommt. So schließen Sie auf jeden Fall aus, dass der Gesprächspartner sich gemaßregelt oder gar von Ihnen unterschätzt fühlt. Insgesamt besteht das Ziel darin, stärker auf die einzelnen Kaufmotive abzustellen, so eine größere Akzeptanz zu erreichen und einen eventuellen verbalen Schlagabtausch zum Produkt auszuschließen. Auf diese Art laden Sie viel eher zur Rückfrage ein: „Wie soll das denn gehen?" oder „Um was handelt es sich denn hier genau?"

Verstehen Sie die Anwendung dieser „Schnitzeltechnik" nicht als Patentrezept! Allerdings können Sie sich sicher sein, dass diese Technik einen umso höheren Stellenwert hat, je negativer das Produkt im allgemeinen Bewusstsein der Zielgruppe assoziiert wird.

Die Verwendung der Argumentation des doppelten Nutzens hat sich nicht nur bei der ersten telefonischen Kontaktaufnahme bewährt, sondern auch zum Beispiel beim Nachfassen von Angeboten, denen ein persönliches Gespräch vorangegangen ist. Oft nehmen Verkäufer beim telefonischen Nachfassen lediglich kurzen Bezug auf das verschickte Angebot und leiten in die Frage über: „Sind denn noch irgendwelche Punkte offen?", ohne die Stärken des Angebots bei dieser Gelegenheit nochmals zu verbalisieren.

In einer geradezu beneidenswerten Situation sind diejenigen Verkäufer, die auf Grund eines USP (Unique Selling Proposition) – eines einzigartigen Verkaufsversprechens – so genannte „Superschnitzel" zur Verfügung haben und sich damit bereits in der Akquise maßgeblich von anderen Anbietern abgrenzen können. Je nach Branche können solche USP unterschiedlich aussehen: so zum Beispiel eine erheblich längere Gewährleistung, als der Gesetzgeber sowieso schon vorschreibt, oder eine schnellstmögliche Verfügbarkeit. Mit einem USP als Joker hat es der Verkäufer während eines Telefonats relativ leicht, bereits zu Beginn des Gesprächs diesen überdurchschnittlichen Nutzen im Vergleich zu anderen Anbietern hervorzuheben und damit die Neugier des Verbrauchers zu wecken.

Wenn Ihr Produkt oder Dienstleistungsangebot bisher noch nicht über einen USP verfügt, so könnte es eine wichtige Aufgabe sein, über die Gestaltung eines solchen „Superschnitzels" nachzudenken und dieses nach der Umsetzung werbewirksam einzusetzen. Bei vielen marktbeherrschenden Angeboten ist immer wieder zu erkennen, dass der überdurchschnittliche Erfolg auf ein oder mehrere USP zurückzuführen ist. Machen auch Sie sich diese Erkenntnis zu Nutze!

Grundregeln der Fragetechnik

> *„Es ist meist schwieriger,*
> *klug zu fragen*
> *als klug zu antworten."*

Gesprächseröffnung mit anschließender Frage

Es gibt Untersuchungen, die deutlich belegen, dass wir Verkäufer zu viel reden, das heißt, dass unser Gesprächsanteil im Vergleich zu dem des Kunden bedeutend höher ist. In diesen Untersuchungen wird auch die Tatsache belegt, dass die Abschlusswahrscheinlichkeit steigt, wenn ein gleichwertiger Gesprächsanteil erreicht oder – noch besser – der Anteil des Kunden sogar etwas höher liegt als der des Verkäufers. Wie können Sie auf diese Aufteilung der Gesprächsanteile Einfluss nehmen?

Bei einem aktiven Telefonat – das heißt der Verkäufer ist aktiv, er ruft an – hat der Anrufer in den ersten Sekunden einen Gesprächsanteil von fast 100 Prozent. Das liegt in der Natur der Sache, denn derjenige, der anruft, will in diesem Moment sein Anliegen vorbringen. Stellen Sie sich vor, Sie beenden Ihre Gesprächseröffnung ohne eine konkrete Frage an den potenziellen Kunden – was wird passieren? Der Kunde wird irritiert sein und nicht genau wissen, ob von der Seite des Verkäufers noch eine Anmerkung zu erwarten ist oder ob er sich nun äußern soll. Aus diesem Grund ist es sehr sinnvoll, die Gesprächseröffnung immer mit einer Frage abzuschließen, um damit den Ball ganz klar an den Angerufenen weiterzugeben und so einen klar strukturierten Dialog zu eröffnen.

Die Frage, die Sie nach der Gesprächseröffnung anschließen, sollte gut überlegt sein, da der Anrufer bis zu einem bestimmten Grad auch Einfluss auf die Antwort nehmen kann. Viele Verkäufer haben in ihrer Ausbildung durchaus die Unterscheidung von offenen und geschlossenen Fragen kennen gelernt. Zur allgemeinen Auffrischung sei noch einmal kurz erwähnt, dass eine geschlossene Frage mit einem Tätigkeitswort/Verb beginnt und dem Gefragten im Prinzip nur zwei Antwortmöglichkeiten anbietet: nämlich Ja oder Nein. Eine offene Frage hingegen wird mit einem Fragewort eröffnet (wie? wo? was? inwieweit? inwiefern?) und führt so in der Regel zu informativeren Antworten vonseiten des Befragten.

Beispiele für geschlossene Fragen:

▶ „Haben Sie schon einmal ein Verkaufstraining besucht?"

▶ „Möchten Sie hierzu noch etwas wissen?"

▶ „Entspricht das Angebot Ihren Erwartungen?"

Beispiele für offene Fragen:

▶ „Welche Seminare haben Sie in der Vergangenheit besucht?"

▶ „Zu welchen Punkten brauchen Sie noch nähere Informationen?"

▶ „Was hat Ihnen daran besonders gefallen?"

Haben Sie Kinder? Wenn ja, dann kennen Sie deren Angewohnheit, die vor allem im „Fragealter" besonders ausgeprägt ist, mit offenen Fragen Informationen einzuholen, umso ihre Umwelt zu erfassen. Wir Erwachsene hingegen arbeiten zu einem überdurchschnittlich hohen Anteil mit geschlossenen Fragen. Von daher entspricht es also dem normalen Sprachduktus eines Anrufers, dass er an seine Gesprächseröffnung automatisch eine geschlossene Frage anhängt und damit unbewusst eine recht extreme Weichenstellung vornimmt. Bis zu diesem Punkt hat Ihr Gesprächspartner Sie im Normalfall wohl lediglich begrüßt und erhält nun zum ersten Mal in Ihrem gemeinsamen Gespräch die Gelegenheit, sich selbst zu äußern. Als Reaktion auf eine geschlossene Frage bietet sich ihm nun – rein statistisch gesehen – zu 50 Prozent die Chance, ein „nein" vorzubringen, dem erfahrungsgemäß auch noch eine massive Begründung folgt. In der Praxis ist die Anzahl des ablehnenden „nein" sogar noch viel höher als 50 Prozent: Der Mensch ist tagtäglich hunderten von Kaufimpulsen ausgesetzt und konditioniert sich deshalb selbst darauf, erst einmal alle Angebote, die auf ihn sowohl auditiv als auch visuell einstürmen, abzulehnen. Das „nein" geht also leichter von der Zunge als ein „ja", denn ein „ja" bedeutet für den jeweiligen Menschen, dass er sich bereit erklärt, Energie freizusetzen, um sich mit etwas neuem zu befassen. Wir sind so strukturiert, dass wir es grundsätzlich erst einmal vorziehen, unser gewohntes Verhalten beizubehalten, und wir sind von Natur aus eher faul: Daher liegt es auf der Hand, dass Sie als Verkäufer, der ein Angebot darlegt, das Veränderung mit sich bringt, im ersten Moment mit einem hohen Maß an Ablehnung rechnen müssen, das heißt mit sehr vielen Neins. Aus dieser Erkenntnis heraus wurde uns Verkäufern über Jahrzehnte hinweg die so genannte Ja-Fragen-Schiene – auch Sokrates-Methode genannt – beigebracht und für die Praxis empfohlen. Die Ja-Fragen-Schiene besteht aus einer Aneinanderreihung von Suggestivfragen zu Gesprächsbeginn, die beim Kunden eine „Ja-Stimmung" bewirkt, die wiederum zum großen „ja" des Abschlusses führen soll. Diese Vorgehensweise der Suggestivfragen ist inzwischen von vielen Verkäufern – und natürlich auch von den Kunden – als das erkannt worden, was sie im Grunde genommen ist: nämlich eine (plumpe) Manipulation. Ohne auf diese Methode weiter eingehen zu wollen, lässt sich gerade an ihr verdeutlichen, wie wichtig es ist, ein „nein" des Kunden als Kommunikationsblocker und damit das Entstehen eines „Grabens" zwischen Anrufer und Angerufenem zu verhindern.

Verinnerlichen Sie die Grundregel, dass der Anrufer die Gesprächseröffnung grundsätzlich mit einer offenen Frage beenden sollte. So
wirken Sie von Anfang an dem Kommunikationsstopper „nein" entgegen und leiten einen positiven Dialog ein. Ein Trugschluss wäre es
allerdings, davon auszugehen, dass aus dem Gebrauch offener Fragen
automatisch eine positive Resonanz beim Kunden resultiert. Zum
Beispiel kann der Angerufene auf Ihre Frage: „Welche Punkte sind
für Sie noch offen?" durchaus mit der Aussage antworten: „Keine –
es steht ja alles im Angebot drin!"

Insgesamt jedoch zeichnet sich der Trend zum Kundendialog immer
mehr ab: es ist eine erhebliche prozentuale Verschiebung von der blan-
ken Zurückweisung hin zum Kundendialog erkennbar. Mit geschickten
Fragen, wie zum Beispiel „Was hat Ihnen besonders daran gefallen?",
können Sie deutlich positiven Einfluss auf den Gesprächsverlauf nehmen. Weitere Beispiele für wirksame Gesprächseröffnungen mit an-
schließenden offenen Fragen sind nachfolgend aufgeführt:

Beispiele für Gesprächseröffnungen:

Nachfassen Mailing:

▶ „Grund des Anrufs, Herr …, in der vergangenen Woche ist ein
Schreiben an Sie herausgegangen. Aus diesem Schreiben konnten
Sie entnehmen, dass es augenblicklich Möglichkeiten gibt, auch mit
kleinen Beträgen eine überdurchschnittliche Rendite an der Börse
zu erwirtschaften und gleichzeitig ein Höchstmaß an Sicherheit zu
erreichen. Inwieweit haben Sie sich über diese Möglichkeiten einmal auf Ihre spezifische Situation hin informieren lassen?"

▶ „In dem Anschreiben von vergangener Woche ging es darum, allen
Geschäftspartnern des Unternehmens X vorrangig die Möglichkeit
einzuräumen, eine technisch erheblich modifizierte Lösung in
Ihrem Betrieb zukünftig einzusetzen und dadurch außerdem eine

höhere Auslastung des Maschinenparks sicherzustellen. Welche Fragen sind Ihrerseits hierzu noch offen?"

Nachfassen Angebot:

▶ „Grund des Anrufs, Herr …, Sie interessierten sich für die Wohnung in der Goethestraße und hatten um Zusendung eines entsprechenden Angebots gebeten. Das Angebot ist letzte Woche an Sie herausgegangen und Sie haben sicher daraus entnommen, dass es sich hier um eine überdurchschnittliche Ausstattung handelt, die auch höchsten Ansprüchen gerecht wird, und gleichzeitig ein Grundriß vorhanden ist, der vielfältige Nutzungsmöglichkeiten erlaubt. Inwiefern entspricht dieses Angebot Ihren Vorstellungen?"

▶ „Herr …, beim letzten gemeinsamen Gespräch hatten Sie um eine schriftliche Ausfertigung gebeten zu Einsparungsmöglichkeiten im Bereich der privaten Absicherung und gleichzeitig um die Fragestellung, wie Sie bereits gezahlte Steuern in das Privatvermögen umlenken können. Sagen Sie, Herr …, welche Punkte des Angebots waren für Sie besonders wichtig?"

Reaktivierung von Altkontakten:

▶ „Grund des Anrufs, Herr …: Sie sagten beim letzten gemeinsamen Telefonat Ende des Jahres, dass das Budget erschöpft ist und Sie zum heutigen Zeitpunkt dieses Thema nochmals neu überdenken wollten. Sie hatten damals darum gebeten, in diesem Monat nochmals den Kontakt mit Ihnen aufzunehmen, um über die Möglichkeit externer Neukundengewinnung und gleichzeitig über die Entlastung Ihrer Vertriebsmitarbeiter nochmals näher zu sprechen. Welchen Stellenwert haben diese Themen augenblicklich für Ihren Betrieb?"

▶ „Herr ..., Sie erinnern sich sicher, wir hatten Anfang des Jahres Kontakt zum Thema: Wie können Sie frühzeitig die finanzielle Sicherheit für die Ausbildung Ihrer Kinder gewährleisten und darüber hinaus auch alle Möglichkeiten einer neuen Existenzgründung berücksichtigen! Sie sagten, dass Sie diesen Punkt noch einmal im Kreis der Familie besprechen wollten, und wir waren so verblieben, zum jetzigen Zeitpunkt nochmals miteinander zu telefonieren. Welche Fragen sind jetzt im nachhinein noch aufgetaucht?"

Ist Ihnen aufgefallen, welche bisher erwähnten Techniken in diesen Formulierungen auftauchen? Alle Gesprächseröffnungen sind ausschließlich im Sie-Standpunkt formuliert, jedes Mal werden zwei „Schnitzel" angeboten, und jede Formulierung wird mit einer offenen Frage abgeschlossen, um mit dem potenziellen Kunden in den Dialog einzusteigen.

Für die Fälle von speziellen Gesprächseröffnungen in der Kaltakquise und zum Nachfassen von Empfehlungen sind Besonderheiten zu berücksichtigen, die im folgenden Abschnitt behandelt werden. Im Anschluss daran finden Sie wiederum Beispiele für darauf abgestimmte Gesprächseröffnungen.

Befassen Sie sich eingehend mit diesen Formulierungen und probieren Sie aus, welche Elemente Sie für Ihren ganz persönlichen Sprachgebrauch anwenden können!

Gesprächseröffnung für das Nachfassen von Empfehlungen

Gerade für den Königsweg der Neukundengewinnung, dem *Empfehlungmarketing,* das das zu Beginn des Buches kurz vorgestellt wurde, besitzt das Telefon eine zentrale Bedeutung. Der Verkäufer möchte den erhaltenen Namen bzw. die Adresse des Empfohlenen möglichst schnell in einen persönlichen Termin umwandeln. Im Vergleich zu allen anderen Strategien der telefonischen Terminvereinbarung hat diese Vorgehensweise das größte Abschlussverhältnis, denn aufgrund der namentlichen Erwähnung des Empfehlungsgebers wird bereits in den ersten Sekunden des Telefonats ein starker Vertrauensbonus eingebracht. Eine optimistische, deshalb nicht weniger realistische Formulierung bezeichnet den mit einer Empfehlung kontaktierten potenziellen Kunden sogar als geradezu „vorverkauft". Skepsis und Widerstand seitens des Angerufenen sind bedeutend geringer und die Bereitschaft, sich mit dem telefonischen Angebot näher auseinanderzusetzen, dafür wesentlich stärker. Nutzen Sie diesen Vertrauensbonus optimal, indem Sie den Empfehlungsgeber immer wieder in den Raum stellen. Das gelingt Ihnen insbesondere dann, wenn Sie den Namen des Empfehlungsgebers nicht nur einmal in der Gesprächseröffnung erwähnen, sondern ihn im Verlauf des Gesprächs zum Beispiel drei Mal anführen.

Bereits in dem Kapitel zur Vorstellung der eigenen Person am Telefon haben Sie das rhetorische Mittel der Mehrfachnennung – D = 3 W – kennen gelernt. Eine Steigerung des Effekts liegt in der allgemein anerkannten Formel: 3 = 9 W. Diese Formel besagt, dass die **drei**fache Nennung eine etwa **neun**fache **W**irkung im Bewusstsein des Ansprechpartners erreicht. Erwähnt der Verkäufer beim telefonischen Nachfassen einer Empfehlung den Namen des Empfehlungsgebers nur ein einziges Mal in der Gesprächseröffnung, so wird der neue potenzielle Kunde das Portrait seines Bekannten oder Kollegen auf der inneren Leinwand seines Bewusstseins als – vielleicht sogar nur schemenhaftes – Schwarz-Weiß-Bild wahrnehmen. Durch die dreifache Nennung des Namens einer Person aus seinem Bekannten- oder Kollegenkreis gewinnt dieses Bild an Kontrast und Farbe und damit an Deutlichkeit. Und je deutlicher sich das Bild vor seinem inneren Auge abzeichnet, desto größer wird seine Bereitschaft zur Verbindlichkeit sein – vorausgesetzt natürlich, er hat ein positives Gefühl zu diesem Menschen.

▶ „Der heutige Anruf bei Ihnen, Herr …, hat einen ganz besonderen Grund. *Ihr Bekannter Herr Schneider* hat sich vorgestern darüber informieren lassen, wie er alle staatlichen Subventionen, auf die er Anspruch hat, nutzen kann und gleichzeitig dem drohenden Kaufkraftverlust durch die Währungsunion frühzeitig entgegenwirken kann. *Herr Schneider* war sehr angetan von diesen Informationen und auf Grund dessen hat *Herr Schneider* ausdrücklich darum gebeten, einmal mit Ihnen den Kontakt aufzunehmen, damit auch Sie sich von diesen Möglichkeiten ein Bild machen können. Wie denken Sie darüber, in einem persönlichen Gespräch einmal tiefer in das Thema einzusteigen?“

▶ „Grund des Anrufs, Herr …: Ihr Geschäftsfreund *Herr Schneider* nutzt seit geraumer Zeit die Möglichkeit, durch externe Unterstützung neue Kunden für sein Unternehmen zu gewinnen und die Zufriedenheit bei bestehenden Kunden noch weiter zu verstärken. *Herr Schneider* sagte, dass auch Sie für solche Themen immer ein offenes Ohr haben und *Herr Schneider* hat deshalb darum gebeten, bei Ihnen einmal anzurufen. Was halten Sie davon, bei einer Tasse Kaffee diese Möglichkeiten näher zu besprechen?“

Gesprächseröffnung für die Kaltakquise

Durch die dreifache Nennung des Namens „Schneider“ entsteht beim Gesprächspartner der Eindruck, dass er nur auf Grund der Empfehlung seines Bekannten angerufen wird, der ihm damit einen Dienst erweisen möchte.

Auch bei der *Kaltakquise* gilt es einige Besonderheiten in die Gesprächseröffnung miteinzubeziehen. Wie bereits erwähnt, ist sie von juristischer Seite aus durchaus bedenklich. Dennoch gibt es viele Vertriebsmitarbeiter, die gerade im geschäftlichen Bereich durch diese Vorgehensweise ihr Terminbuch füllen, ohne im Vorfeld ein Mailing verschickt zu haben oder auf eine ausdrückliche Einwilligung des Angerufenen vertrauen zu können, wie die gesetzliche Regelung dies eigentlich voraussetzt. In der Praxis ist es tatsächlich so, dass viele Geschäftsleute diesen schnellen und direkten Weg der ersten Kontaktaufnahme durchaus akzeptieren.

Falls Sie sich für diesen Weg entscheiden oder sogar in der Vergangenheit damit bereits gute Erfahrungen gemacht haben, kann der im folgenden beschriebene elementare Baustein dazu beitragen, ihre Gesprächseröffnung in der Kaltakquise noch weiter zu optimieren.

Es ist ein allgemein gültiges Gesetz, dass Menschen den Dingen gegenüber, die nur rar oder begrenzt sind, eine weitaus höhere Aufmerksamkeit an den Tag legen, als denen, die für jeden und ohne weitere Einschränkung verfügbar sind. Man spricht in diesem Zusammenhang auch vom so genannten „Verknappen des Angebots". Nun geht es hier nicht darum, die Anzahl der zur Verfügung stehenden Termine zu verknappen, sondern darum, das Angebot als auf die Zielgruppe begrenzt darzustellen – also als etwas exklusives und limitiertes. Wenn Sie zum Beispiel einen Handwerksmeister anrufen und ihm das Gefühl geben, dass Ihr Angebot momentan ganz speziell für Handwerksmeister in seiner Region gilt, wird er Ihnen von der ersten Sekunde an eine höhere Aufmerksamkeit entgegenbringen, als wenn er den Eindruck hat, dieses Angebot gilt momentan für alle Geschäftsleute. Diese Strategie des Verknappens kann sogar unterschwellig die Befürchtung beim Gesprächspartner auslösen, dass er ins Hintertreffen geraten könnte, wenn er das Angebot nicht in Anspruch nimmt, während seine Kollegen davon profitieren! Hier sind die Möglichkeiten zu variieren sehr weit gefasst: Wenn Sie bei Ihrem nächsten Telefonat die Funktion des GmbH-Geschäftsführers als Auswahlkriterium in den Vordergrund stellen, dann muss ihr potenzieller Kunde ja nichts von dem vorherigen Angebot an Handwerksbetriebe wissen. Es gilt hier der eiserne Grundsatz:

> **„Entscheidend ist nicht, was der Verkäufer sagt, entscheidend ist lediglich, was der Kunde denkt."**

Diese Strategie des Verknappens kann sowohl auf eine bestimmte einzugrenzende Zielgruppe angewandt werden als auch auf eine geographisch eingegrenzte Region. Allerdings macht es nur im Ausnahmefall Sinn, eine zeitliche Begrenzung festzulegen, denn damit schlagen Sie sich die Tür für einen späteren Wiederanruf zu. Gerade eine zeitliche Begrenzung empfindet der Kunde schnell als Druck des Verkäufers und ist daher – wenn überhaupt – äußerst vorsichtig anzuwenden.

Worte mit positiver Assoziation in Ihrer Formulierung verstärken die Akzeptanz bei einer Kaltakquise um einiges. Denken Sie einmal darüber nach, wie Sie zum Beispiel das Wort „Service" oder das Wort „Einladung" in Ihre Gesprächseröffnungen integrieren können. Einige Anregungen sind nachfolgend für Sie aufgeführt, lassen Sie Ihrer eigenen Kreativität freien Lauf!

Jeder Mensch lässt sich gerne einladen, wenn er sich auch die Entscheidung vorbehält, ob er diese Einladung tatsächlich annimmt. Und das Wort „Service" bedeutet ein kostenloses Angebot: Jeder Mensch lässt sich auch gerne etwas schenken!

Beispiele für Gesprächseröffnungen für die Kaltakquise:

▶ „Herr …, der heutige Anruf bei Ihnen hat einen ganz besonderen Grund. *Es geht um einen speziellen Service für selbständige Handwerksmeister hier im Raum Köln,* der Ihnen Möglichkeiten vorstellt, wie Sie die Liquidität im Betrieb erhöhen können und gleichzeitig mit geringerem Aufwand an neue Kunden gelangen. Welchen Stellenwert haben diese Themen augenblicklich für Sie?"

▶ „Grund des Anrufs, Herr …, es geht um eine *spezielle Einladung für Ihren Berufsstand für Kolleginnen und Kollegen von Ihnen hier im Raum Düsseldorf.* Sie sind herzlich eingeladen, in einem persönlichen Gespräch einmal konkrete Zahlen an die Hand zu bekommen, wie Sie noch in diesem Jahr steuerliche Vergünstigungen nutzen können und außerdem den geplanten Maßnahmen, die der Gesetzgeber für Freiberufler plant, frühzeitig entgegenzuwirken. Inwiefern sind Sie über alle gesetzlichen Änderungen informiert?"

▶ „Beim heutigen Anruf geht es um Folgendes, Herr …: *Das Unternehmen X bietet allen Gewerbetreibenden hier im Raum Hamburg die Gelegenheit,* aktuelle Marketingdaten von der hiesigen Region an die Hand zu bekommen und darüber hinaus bei einem persönlichen Kennenlernen die Möglichkeiten einer Zusammenarbeit mit Branchenprofis einmal näher zu diskutieren. Inwieweit ist eine weitere Optimierung Ihrer Unternehmensstrategie für Sie ein Thema?"

Qualifikation des Ansprechpartners

In vielen Fällen besteht für den Verkäufer das Ziel nicht darin, lediglich einen Termin zu erhalten: Was er braucht, ist ein *qualifizierter* Termin. Das trifft besonders für diejenigen Verkäufer zu, die ein Produkt anbieten, welches nur für eine klar definierte Zielgruppe Nutzen bringt. Hier steht der Verkäufer vor der Herausforderung, durch persönliche Rückfragen zu klären, ob der jeweilige Gesprächspartner zu dieser Zielgruppe gehört oder nicht.

Im geschäftlichen Bereich besteht heutzutage durchaus die Möglichkeit, den Branchenschwerpunkt, Mitarbeiterzahl und Umsatzgröße etc. im Vorfeld zu erfahren oder auch bei Privatpersonen eine Einteilung nach so genannten Kaufkraftklassen vorzunehmen: Bestimmte Adressbuchverlage sind in der Lage, sehr differenzierte Selektionen vorzunehmen. Zusätzliche Informationen – insbesondere solche aus der Privatsphäre – können im direkten Dialog ermittelt werden. Diese Phase der Qualifikation eines potenziellen Kunden möchte ich an einem der extremsten Beispiele skizzieren, die in der Telefonakquise denkbar sind: nämlich bei der telefonischen Neukundengewinnung im Bereich steuerbegünstigter Kapitalanlagen. Für Akquisiteure in dieser Branche ist es unabdingbare Voraussetzung, bereits bei der ersten Kontaktaufnahme am Telefon Qualifikationskriterien wie Höhe der Einkommensteuer und eventuell auch das Alter des potenziellen Kunden zu erfragen. um solche, immerhin sehr persönliche Informationen zu bekommen, reicht die einfache Fragetechnik nicht aus: Hier gehören eine ausdifferenzierte Strategie und eine optimale Fragetechnik zu den absoluten Voraussetzungen, um in diesem Bereich Erfolge zu erzielen. Erkenntnisse, die aus der Praxis der Neukundengewinnung im Bereich steuerbegünstigter Kapitalanlagen abgeleitet werden konnten, sind also sicher auch auf andere Branchen gewinnbringend übertragbar.

Die Strategie der Qualifikation des Ansprechpartners läuft in ihren Grundzügen folgendermaßen ab: Der Anrufer formuliert seine Gesprächseröffnung, an Stelle der offenen Frage wird das Qualifikationsmerkmal erwähnt und anschließend mit einer geschlossenen Frage eine strikte Unterteilung herbeigeführt. Die extreme Provokation zu einem „ja" oder zu einem „nein" – ohne eine weitere Alternative – hat in diesem Fall das Ziel, nach einer positiven Bestätigung das Gespräch weiter fortzuführen, während nach einer negativen Aussage das Gespräch als nicht nutzbringend eingestuft und beendet werden kann. Es ist sinnvoll, die Qualifikation des Gesprächspartners möglichst am Anfang des Telefonats zu prüfen, so vermeiden Sie, Ihre (wertvolle!) Zeit mit „unqualifizierten" Kontakten zu verschenken.

Qualifikation des Ansprechpartners – ein Beispiel:

▶ „Herr ..., es geht um ein spezielles Angebot, das sich an XY-Leute im Raum Z richtet. Sie haben die Gelegenheit, in einem persönlichen Gespräch konkrete Zahlen an die Hand zu bekommen, wie Sie gezahlte Einkommenssteuer vom Finanzamt zurückholen. Gleichzeitig können Sie sich über alle legalen Möglichkeiten der Steuerersparnis informieren. Dies macht allerdings nur dann Sinn, wenn Sie immer noch mehr als 30.000,– DM an Einkommensteuer im Jahr an das Finanzamt zahlen. Nur dann kommen diese Möglichkeiten für Sie in Betracht. Sagen Sie, Herr ..., liegen Sie über 30.000,– DM im Jahr?"

Hier wird das Ziel verfolgt, Interesse für das vorgestellte Angebot zu wecken und unmittelbar danach eine Hürde aufzubauen, die der Kunde nehmen muss, um dieses Angebot nutzen zu können. Dem Wort „wenn" kommt hier eine ganz besondere Bedeutung zu. In der Praxis erhält der Verkäufer oft Kundenreaktionen, die mit „Ja, aber ..." eingeleitet werden. Die anfängliche Zustimmung durch das Wörtchen „ja" signalisiert dem Anrufer, dass es durchaus Sinn macht, sich nun, nachdem das Qualifikationsmerkmal bestätigt wurde, mit den Einwänden auseinander zu setzen. Wenn im Vorfeld klar wird, dass das Produkt für den Kunden nicht geeignet ist, gibt es keinen Grund, Energie aufzubringen, um den Ansprechpartner vom Sinn eines Termins zu überzeugen. Auch ein absoluter Vertriebsprofi kann bestimmte Produkte nur unter gegebenen Rahmenbedingungen platzieren. Es kann also für Sie nur von Vorteil sein, die Frage nach der Qualifikation Ihres Ansprechpartners zu einem frühen Zeitpunkt so klar wie möglich zu formulieren. Auf die Frage zur Qualifikation kann ein Kunde mit maximal vier Aussagen reagieren:

„Ja, ja, aber ..."

„Nein, das ist nicht gegeben ..."

89

„Weiß ich nicht genau …"

„Sag ich Ihnen nicht, wozu wollen Sie das denn wissen?"

Nach der Bestätigung des ersten Qualifikationsmerkmals ist es manchmal notwendig, ein weiteres Merkmal anzuführen, so zum Beispiel das Kriterium des Alters, das eine Rolle spielen kann: „Darüber hinaus ist es auch erforderlich, dass Sie nicht älter als dreißig sind. Ist das bei Ihnen der Fall?"

Wenn der Kunde das erfragte Kriterium nicht bestätigt, kann das Gespräch freundlich beendet werden. Vorausgesetzt, Sie gehören nicht zu den wenigen routinierten Akquisiteuren, die auch jetzt noch die Nerven besitzen, einen „unqualifizierten" Ansprechpartner nach einer Empfehlung zu fragen. Mit folgender Formulierung zum Beispiel: „Herr …, wenn dieses Thema augenblicklich für Sie nicht in Frage kommt, für wen aus Ihrem Bekannten- oder Kollegenkreis ist es denn interessant, dass …?"

Kommt es vor, dass ein Kunde zu einem erfragten Punkt momentan wirklich keine Angaben machen kann, lohnt es sich, diesen Aspekt mit ihm näher zu diskutieren oder Hilfestellung zu geben bzw. einen präzise festgelegten Wiederanruf zu vereinbaren, damit der Kunde zwischenzeitlich prüfen kann, ob er die erfragte Voraussetzung erfüllt oder nicht.

Reagiert ein Kunde mit der Aussage: „Wozu wollen Sie das denn wissen?" oder „Das sag ich Ihnen nicht!", dann ist ihm der Nutzen, den er sich durch Preisgabe dieser Information verschaffen kann, noch nicht klar oder noch nicht klar genug. Dann sind Sie herausgefordert, dem Kunden nochmals zu verdeutlichen, dass die entsprechenden Angaben zu seinem Vorteil sind, da ein Termin für ihn nur unter den erwähnten Voraussetzungen sinnvoll ist. Erwähnen Sie an dieser Stelle, dass Sie auch die Zeit Ihres Gegenübers als wertvoll einschätzen und diese nicht mit einem unnötigen Termin in Anspruch nehmen möchten. Ist der Kunde auch nach wiederholter Erläuterung zur Bedeutung dieser Frage nicht bereit, die entsprechenden Informationen zu geben, hat der Verkäufer wahrscheinlich mehr davon, wenn er sich freundlich verabschiedet und den nächsten Anruf startet.

In der Praxis ist immer wieder zu beobachten, dass der Anrufer, je weniger Gesprächspartner er durch sein Nachfragen tatsächlich „qualifizieren" kann und je mehr Absagen er also einstecken muss, mit fortlaufender Akquisetätigkeit dazu neigt, suggestiv zu formulieren. Das heißt die Fragen nach der Qualifikation werden nicht mehr klar und direkt gestellt, sondern rein suggestiv und weich artikuliert. Mit dieser Methode tun Sie sich jedoch keinen Gefallen! Wenn Sie sich dazu entschlossen haben, in der Akquise ein engmaschiges Netz zu knüpfen, ist es am einträglichsten, die entscheidenden Kriterien klar, freundlich und präzise – ohne Suggestivformulierung! – zu erfragen. Sie ersparen sich damit das böse Erwachen beim Termin vor Ort.

Kundenreaktionen kennen und vorbereitet sein

Unterscheidung zwischen Vorwand und Einwand

Gerade bei der telefonischen Terminvereinbarung sind die möglichen Kundenreaktionen durchaus vorbestimmbar und außerdem mit sieben bis acht Aussagen relativ erschöpft. Hierbei sollten Sie allerdings unterscheiden, ob es sich um Standardreaktionen des Kunden handelt oder um eine branchenspezifische Äußerung. Diese ganz bestimmte Phase des Dialogs mit dem Kunden, die der Gesprächseröffnung mit anschließender Frage folgt, ist von entscheidender Bedeutung für das Ziel Ihres Anrufs: nämlich einen Termin zu erhalten.

Nach einer Gesprächseröffnung, die die Neugier des Gesprächspartners wecken soll, indem das Thema kurz umrissen wird, wird der Anrufer nach anschließender offener Frage mit dem ersten Widerstand konfrontiert. In den allerwenigsten Fällen wird ein Kunde sich an dieser Stelle freudig äußern, für den Anruf danken und auf ein baldiges persönliches Kennenlernen drängen. Freudige Kundenreaktionen dieser Art sind wohl die absolute Ausnahme und kommen in harten Verdrängungsmärkten so gut wie überhaupt nicht vor.

In der Praxis ist immer wieder zu beobachten, dass ein Verkäufer unmittelbar nach der Gesprächseröffnung auf das Abschlussziel zumarschiert und sofort versucht, mit einer Alternativfrage die zu erwartenden Kundenreaktionen zu umgehen. Psychologen behaupten, dass wir Verkäufer deshalb so viel reden, weil wir Angst vor Einwänden haben und befürchten, mit diesen nicht klarzukommen. Die Taktik, den gewünschten Termin unmittelbar nach der Gesprächseröffnung anzusprechen, mag vielleicht in einigen wenigen Ausnahmesituationen funktionieren (zum Beispiel in Situationen, in denen Empfehlungen telefonisch nachgefasst werden, das heißt der Angerufene quasi „vorverkauft" ist), meistens jedoch fühlt sich der Gesprächspartner bei dieser Vorgehensweise schlichtweg überrollt.

Die alte Binsenweisheit, dass Einwände die Daseinsberechtigung des Verkäufers sind, habe ich bereits weiter oben angeführt und kann sie hier nur wiederholen. Es ist eine durchaus professionelle Einstellung, die gekonnte Einwandbehandlung als „Kür" im Termingespräch zu betrachten. Hier unterscheidet sich der Amateur vom Profi: Der eine plaudert unstrukturiert auf den Kunden ein und läuft hemdsärmelig gegen die Widerstände an, der andere bestimmt den Verlauf des Gesprächs und entkräftet die Widerstände mit rhetorischer Finesse und psychologischem Gespür. Wenn der Profi zudem mit einem gewissen Maß an Schlagfertigkeit ausgestattet ist und diese mit einem ausgewogenen Humor zu kombinieren weiß, dann rückt der Erfolg am Telefon in greifbare Nähe – denn genau aus diesen Eigenschaften setzt sich das optimale Repertoire für die telefonische Neukundengewinnung zusammen.

Einer meiner Seminarteilnehmer erzählte vor einiger Zeit, wie er einen zuerst recht resistenten Kunden doch noch für einen Termin gewinnen konnte. Der potenzielle Kunde hatte versucht, ihm mit der Bemerkung „In diesem Markt sind doch alle gleich – Ihre Firma kocht bestimmt auch nur mit Wasser!" allen Wind aus den Segeln zu nehmen. Er jedoch konterte geschickt: „Sie haben Recht, auch unser Unternehmen kocht nur mit Wasser, allerdings ist bei uns die Platte etwas heißer!!!" Das Schmunzeln des Gesprächspartners war regelrecht zu spüren und er willigte in einen Termin ein. Die Beteiligten des Seminars, die der Geschichte zugehört hatten, waren sich darüber einig, dass in der betreffenden Situation am Telefon der Termin nur aufgrund dieser schlagfertigen und humorvollen Antwort überhaupt zustande kommen konnte.

Sicher sind Sie in der Verkaufsliteratur oder während eines Seminars schon einmal auf die Differenzierung der Kundenreaktionen zwischen *Vorwand* und *Einwand* gestoßen. Zu diesen beiden Begriffen und ihrer Unterscheidung gibt es unzählige Definitionen, Modelle und Unterscheidungskriterien. Deshalb kann es nur hilfreich sein, sich für die nachfolgenden Ausführungen an einer recht einfachen Differenzierung zu orientieren und damit zu arbeiten. Bei enger Anlehnung an den Begriff selbst, an den „Vorwand", kann schnell und leicht das Bild einer Wand visualisiert werden, einer Wand, die während des Gesprächs zwischen Verkäufer und Kunde aufgebaut wurde: Der Verkäufer macht ein interessantes Angebot und der Kunde reagiert sofort wie ein Maurer: er baut eine Wand auf, indem er pauschale Zurückweisung äußert. Der Verkäufer läuft mit seinem Angebot im wahrsten Sinne des Wortes „vor die Wand."

Anders stellt sich der „Einwand" dar: Hier hat der Kunde gezielt etwas gegen die Person oder gegen das Angebot einzuwenden, manchmal kombiniert mit Skepsis und Argwohn. Während ein Vorwand pauschal ist und auch so formuliert wird, ist in einem Einwand immer ein konkreter Ansatzpunkt erkennbar.

Basierend auf dieser Unterscheidung sind folgende pauschale Kundenäußerungen als Vorwand einzustufen:

„Daran haben wir kein Interesse."

„Das kommt für uns nicht in Frage."

„Darüber brauchen wir uns nicht weiter zu unterhalten."

„In diesem Punkt sind wir bestens versorgt."

„Hierzu besteht im Augenblick kein Handlungsbedarf."

Diese Aussagen lassen sich also alle unter der Rubrik „kein Interesse" als Vorwand einordnen. Eine solche Kundenreaktion erhält der Anrufer nicht erst zum Ende des Telefonats, sondern erfahrungsgemäß unmittelbar nach der Gesprächseröffnung. Es wäre absolut unlogisch – und kommt deshalb in der Praxis so auch nur in Ausnahmefällen vor –, dass der Angerufene anfangs mit einem speziellen Punkt (Einwand) kontert und im Anschluss daran einen Vorwand äußert. Er wird vielmehr vom Allgemeineren ins Speziellere übergehen.

Als die gängigsten Kundeneinwände sind nach unserer oben unternommenen Differenzierung folgende Äußerungen einzustufen:

„Für einen Termin habe ich augenblicklich keine Zeit."

„Ich habe kein Geld, um zu investieren. Das Budget ist erschöpft."

„Schicken Sie mir bitte erst einmal schriftliche Unterlagen."

„Für diesen Bereich habe ich bereits einen Lieferanten/Ansprechpartner."

„Wir haben schlechte Erfahrungen mit diesem Thema gemacht."

„Sie wollen mir doch nur etwas verkaufen."

„Sie sind zu teuer."

Mit diesen Sätzen sind die wichtigsten Einwände in der Telefonakquise auch schon erschöpft. Zu unterscheiden ist in diesem Zusammenhang natürlich, ob es sich um ein Gespräch mit einer Privatperson handelt, die zum Beispiel einwendet: „Ich habe kein Geld." beziehungsweise „Ein guter Freund kennt sich hier auch gut aus." oder ob der Gesprächspartner ein Geschäftsmann ist, der zum Beispiel sagt: „Unser Budget ist erschöpft." beziehungsweise „Wir haben schon einen Lieferanten." Der Grundtenor allerdings ist absolut vergleichbar.

Mit der Aussage Ihres Ansprechpartners, er habe keine Zeit, kann entweder gemeint sein, dass er gerade in diesem Moment keine Zeit zum Telefonieren hat, oder dass er keine Zeit für einen persönlichen Termin einräumen kann. In dem Fall, dass Ihr Anruf ungelegen kommt, bieten Sie im Normalfall auf diese erste Äußerung hin einen Wiederanruf an. Es gibt allerdings einige mutige Akquisiteure, die nicht aufgeben und nach einer entsprechenden Überleitung wie zum Beispiel „Wenn der jetzige Zeitpunkt ungünstig ist, dann werde ich mich ganz kurz fassen." das Gespräch weiter fortführen. Der Kunde kann ja erst einmal die Länge des Telefonats bzw. die Zeitspanne, die Sie noch in Anspruch nehmen möchten, nicht abschätzen. Erst bei nochmaligem Widerstand des potenziellen Kunden ist es absolut erforderlich, das Gespräch zu beenden und einen Wiederanruf zu präzisieren. Ansonsten riskieren Sie mit hoher Wahrscheinlichkeit eine extreme Verärgerung Ihres telefonischen Gegenübers. In der Praxis ist es immer wieder erstaunlich zu erleben, wie lange ein Telefonat auch in einer so heiklen Situation noch weitergeführt werden kann.

Die Aussage des Kunden: „Sie sind zu teuer." ist als Spezialfall zu werten und in der Praxis dann gegeben, wenn der Akquisiteur nach einem vorher zugesandten Angebot für ein erklärungsbedürftiges Produkt einen Termin vor Ort erreichen möchte.

Hauptvorwand: „Kein Interesse!"

Wie reagieren Sie am Telefon auf die Kundenreaktion: „Kein Interesse!"? Wird diese oder eine vergleichbare Reaktion in recht massiver Weise vorgebracht, dann sieht es in der Praxis meist so aus, dass das Telefonat ein relativ schnelles Ende findet. In den meisten Fällen lässt sich noch nicht einmal vermuten, worauf diese „brutale" Zurückweisung basiert. Möglicherweise hat man einfach den falschen Zeitpunkt erwischt oder der Gesprächspartner war gerade eben – wie man so schön sagt – „schlecht drauf". Rufen Sie sich in diesem Zusammenhang noch einmal in Erinnerung, dass der Profiakquisiteur eine Zurückweisung nicht als endgültig ansieht, sondern gemäß dem Motto *„Höfliche Hartnäckigkeit hilft"* zu einem späteren Zeitpunkt einen weiteren Versuch unternimmt.

Wie verhält sich nun der Verkäufer im Normalfall, wenn der Vorwand in freundlicher, dennoch bestimmter Weise artikuliert wird? Einige werden auch an dieser Stelle überfordert sein und das Gespräch beenden. Die größere Anzahl der Akquisiteure wird vielleicht mit einer Rückfrage antworten, wie zum Beispiel: „Warum haben Sie daran kein Interesse?", „Wieso kommt das für Sie nicht in Frage?".

Vor diesem berühmten Fragewort „warum?" sei an dieser Stelle gewarnt: Es wird vor allem dann gerne benutzt, wenn der Anrufer mit einer hohen Identifikation in puncto Unternehmen und Gesprächsanliegen ausgestattet ist. Er verleiht auf diese Weise seiner Verwunderung darüber Ausdruck, dass sein Produkt einfach nicht angenommen wird. Gerade die Frageform „warum?" birgt allerdings das Risiko, ein gewisses Aggressionspotenzial auszulösen, da sich der Partner in eine Lage gedrängt fühlt, in der er sich rechtfertigen soll. Bitte denken Sie einmal darüber nach, wie oft Sie selbst in Ihrem Leben bereits durch die Warum-Frage genervt wurden und Sie wie ein kleines bockiges Kind geantwortet haben: „Warum? Warum? – *Darum*!!"

Durch eine solche Frage, die den Zwang zur Rechtfertigung in sich birgt, wird das Gesprächsklima zwischen beiden Personen – die sich ja noch nicht einmal kennen – nachhaltig gestört. Der kommunikative Graben wird verbreitert. In dem einen oder anderen Fall ist die Fortführung des Telefonats vielleicht noch im Bereich des Möglichen, das ist dann allerdings eher die Ausnahme.

Viele Telefonskripts bieten als Antwort auf den Einwand „kein Interesse" unter anderem folgende Formulierung an: „Es ist verständlich, dass Sie auf Anhieb kein Interesse haben, Sie wissen ja noch gar nicht, um was es sich im Detail handelt." Was halten Sie von dieser Formulierung? Stimmen Sie zu, dass hier ein gehöriges Maß an Überheblichkeit mitschwingt und der Partner sich leicht gemaßregelt fühlen könnte? Versetzen Sie sich in die Situation des Kunden und horchen Sie dem Satz noch einmal nach. Und dann vergleichen Sie ihn vielleicht mit der folgenden Formulierung als Reaktion auf den Kundeneinwand:

„Es ist verständlich, dass Sie auf Anhieb wenig Interesse signalisieren, denn es liegen Ihnen noch nicht alle Details des Angebots vor und Ihr Interesse kann sicher erst dann geweckt werden, wenn Sie alle Vorzüge von X kennengelernt haben. Deshalb ist es ja auch sinnvoll, einen Termin ins Auge zu fassen."

Gerade in diesem speziellen Punkt ist ein Höchstmaß an verkäuferischer Sensibilität und Empathie gefordert und ein gewisses Erfahrungspotenzial im Bereich der Telefonakquise überaus vorteilhaft.

Auch wenn es schwierig ist, allgemein gültige Rezepte für den Umgang mit einem Kundenvorwand aufzustellen, birgt die so genannte Schlüsseltechnik ein hohes Erfolgspotenzial in sich. Die Schlüsseltechnik basiert auf der Prämisse, dass ein Kundenvorwand nur diagnostiziert und nicht behandelt werden kann. Ähnlich wie ein Arzt, der erst einmal eine Diagnose durchführt, um anschließend eine Behandlung festzulegen, ist es das Ziel der Schlüsseltechnik, zu analysieren „was hinter der Wand liegt", um dann zu einer gezielten Argumentation bzw. Behandlung überzuleiten. Ein Schlüssel erfüllt nur dann seine Funktion, wenn die einzelnen Zacken unverändert bleiben und in das dazugehörige Schloss eingeführt werden. Ähnlich verhält es sich bei der nachfolgenden Schlüsselformulierung, die mit ihren einzelnen Zacken relativ unverändert bleiben sollte, um ein Höchstmaß an Kundenöffnung zu erreichen.

Der Schlüssel zur Kundenreaktion „kein Interesse" umfasst fünf Zacken und ist aus folgenden Formulierungen zusammengesetzt:

Phase 1:	Gut, dass Sie es gleich sagen.
Phase 2:	Einmal abgesehen davon, dass Sie im Augenblick wenig Interesse haben,
Phase 3:	so sind Sie bestimmt immer, immer daran interessiert,
Phase 4:	neue aktuelle Möglichkeiten zum Thema „Schnitzel/ Schnitzel" kennen zu lernen und zu prüfen.
Phase 5:	Denn dies ist ja immer ein zentrales Thema, nicht wahr?

Nun zu den Phasen im Einzelnen:

Phase 1: „Gut, dass Sie es gleich sagen."

Die Intention und das Ziel dieses ersten Satzes ist, die Aggressionen des Angerufenen abzufedern – seinen Vorbehalt weich anzunehmen und Verständnis zu signalisieren. Aufgrund der pauschalen Äußerung des Kunden „kein Interesse" ist auch nur eine pauschale Erwiderung möglich, die in etwa wie folgt lauten kann:

▶ „Herr …, Sie sagen gleich, was Sie denken."

- „Das ist ein offenes Wort."

- „Sie sagen gleich, was Sache ist."

- „Sie reden nicht lange um den heißen Brei."

Dieses Abfedern stellt ein geeignetes Sprungbrett für die weitere Vorgehensweise dar: Sie signalisieren Ihrem Gesprächspartner, dass seine Aussage sehr wohl bei Ihnen angekommen ist.

Phase 2: *„Einmal abgesehen davon, dass Sie im Augenblick wenig Interesse haben ..."*

Dies ist die entscheidende Phase des Aufschließens bzw. Umlenkens mit dem Ziel, Neugier zu wecken für die Aussage, die nun folgen wird. Die Kundenreaktion wird gespiegelt und durch die Formulierung „im Augenblick" quasi verniedlicht bzw. auf einen minimalen Zeitpunkt reduziert.

Phase 3: *„... so sind Sie bestimmt immer, immer daran interessiert ..."*

Hier wird mit suggestiver Kraft eine positive Unterstellung ins Feld geführt und mit dem Ihnen inzwischen bekannten D = 3 W-Effekt entsprechend manifestiert. Je nach persönlichem Belieben kann das Wort „bestimmt", oder wie hier aufgeführt das Wort „immer", gedoppelt werden. Entscheidend ist gerade an dieser Stelle eine gewisse Begeisterung in der Stimme: Durch ein „Herunterleiern" dieser Doppelung verpufft die gewünschte Wirkung. Gerade diese dritte Phase ist für viele Akquisiteure gewöhnungsbedürftig und bedarf einer entsprechenden Übung. Finden Sie für sich heraus, an welcher Stelle Ihrer Formulierungen Sie am besten die Betonung setzen. Bei der Umsetzung der verbalen Strategien ist es immer wieder wichtig, diese mit dem eigenen Sprachduktus und der individuellen Persönlichkeit in Einklang zu bringen, um sich in seinen Formulierungen auch tatsächlich selbst „wiederzufinden" und so den optimalen Effekt zu erreichen.

Phase 4: „... neue aktuelle Informationen zum Thema „Schnitzel/Schnitzel" zu erhalten und zu prüfen."

Hier wird nochmals auf den Nutzen des Angebots und je nach Belieben auf zwei Aspekte hingewiesen, die mit höchster Wahrscheinlichkeit für den Angerufenen von Bedeutung sind. Sie können an dieser Stelle durchaus in veränderter Form die Nutzenargumentation aus der Gesprächseröffnung wiederholen.

Phase 5: „Denn dies ist ja immer ein zentrales Thema, nicht wahr?"

Eine solche Formulierung wird in der Rhetorik als „Riegel mit Verstärker" bezeichnet. Das bedeutet, dass die vorherige Aussage im Bewusstsein des Ansprechpartners verriegelt und mit dem Anhängen des Verstärkers „nicht wahr?" oder „stimmt's?" eine Zustimmung eingefordert wird. Es besteht auch die Möglichkeit, den Riegel in der Vergangenheitsform zu formulieren, umso eine stärkere Argumentationskraft zu erreichen. Als Verstärker bieten sich auch – je nach regionalen Gegebenheiten – Äußerungen wie „gell" oder „woll" an. Auf jeden Fall ist ein umgangssprachlicher Ton einer distanzierten Ausdrucksweise vorzuziehen, auch die Beibehaltung der regionalen Einfärbung der Sprache verstärkt eher noch die Nähe zum Gesprächspartner.

Mit dem Einsatz der Schlüsseltechnik verfolgen Sie das Ziel, eine Zustimmung des Kunden zu erhalten. In der Praxis wird diese dann meist wie folgt artikuliert: *„Ja, aber ...!"* Mit dieser Reaktion geht der Ansprechpartner vom vorherigen Vorwand in eine detaillierte Aussage, das heißt in einen Einwand über. Von der Vorwandreaktion aus, mit der Sie es zu Beginn des Dialogs zu tun hatten, ist es nahezu unmöglich, unmittelbar auf das Ziel Terminabsprache hin einzulenken. Mit der soeben dargelegten Strategie entwickeln Sie diese Gesprächssituation weiter, indem Sie den Einwand hinter der Mauer diagnostizieren und diesen dann entsprechend behandeln können. Wie Sie dies tun und welche Möglichkeiten Ihnen hier zur Verfügung stehen, wird in den folgenden Abschnitten ausführlich dargestellt.

Es kann natürlich vorkommen, dass der Ansprechpartner auf Ihren Versuch, eine Diagnose mit Hilfe der Schlüsseltechnik durchzuführen, mit der Wiederholung seines Vorwands antwortet oder Sie sogar bei der Schlüsselformulierung unterbricht: In diesem Fall wird es wohl darauf hinauslaufen, dass das Gespräch ein rasches Ende findet. In weit mehr Gesprächssituationen werden Sie allerdings Gelegenheit haben, die Möglichkeiten einer wirksamen Einwandbehandlung einzusetzen.

Die Bedeutung des Lobs

> „*Der Mensch kann sich gegen einen Angriff wehren,*
> *nicht aber gegen ein Lob.*"
>
> **Sigmund Freud**

Für jeden von uns ist regelmäßiges Lob und Anerkennung durch andere Personen ein wesentlicher Aspekt für unser seelisches Gleichgewicht. So haben Psychologen zum Beispiel herausgefunden, dass der Mensch pro Tag durchschnittlich zwischen sechs und acht verbale Streicheleinheiten benötigt, um ausgeglichen zu sein und das Gefühl zu haben, dass seine Umwelt ihn braucht und dass seine Leistungen anerkannt werden.

Gleichzeitig haben sich diese Psychologen mit den Strategien beschäftigt, die ein Mensch anwendet, wenn er das Gefühl hat, nicht genügend Lob zu bekommen. Für diesen Fall hält der Mensch einen ganz umfangreichen Katalog von Verhaltensmaßnahmen bereit, die jeder von uns schon einmal angewandt hat, wenn er sich nicht angenommen fühlt. Das berühmte „fishing for compliments" ist sicher eine der bekanntesten Verhaltensweisen. Schon ein ganzes Stück darüber hinaus gehen die Strategien, die auf den ersten Blick gar nicht als Werben um Aufmerksamkeit eingestuft werden: Sammelleidenschaften, Hobbys, Ehrenämter und das Erwerben von Statussymbolen. Aus Sicht der Psychologie dienen alle diese Verhaltensweisen oft dem Ziel, Anerkennung und Bestätigung von der Umwelt zu erhalten.

Ganz bestimmt ist unsere Gesellschaft inzwischen so strukturiert, dass die meisten Menschen Bestätigung, Komplimente und anerkennende Worte nicht in dem Maß erhalten, das sie sich wünschen, und daher jedes Lob aufsaugen wie ein trockener Schwamm das Wasser. Dieses bestehende Defizit an verbaler Bestätigung lässt sich gerade im Kundendialog hervorragend nutzen. Dabei geht es nicht darum, mit übertriebenen Formulierungen auf eine Ebene zu geraten, die für das Gegenüber nicht mehr glaubwürdig ist, sondern darum, die entgegengebrachte Skepsis und manchmal sogar Aggression des Angerufenen erst einmal weich abzufedern und nachfolgend eine inhaltliche Aussage zu treffen. Mit einer solchen Vorgehensweise schaffen Sie eine Gesprächssituation, mit der Sie arbeiten können. Diese Strategie passt als solche hervorragend in die Soft-Selling-Philosophie der heutigen Zeit und betont die „Gewinner-Gewinner-Strategie".

In diesem Zusammenhang werden drei Kategorien von Lobformulierungen unterschieden: kleines, mittelstarkes oder starkes Lob. Kleine Lobformulierungen sind lediglich Worte wie: wunderbar, ausgezeichnet, phantastisch, hervorragend, stimmt, Volltreffer, prima … Diese Worte sind ganz wesentliche Elemente, mit denen im direkten Gespräch und besonders im Dialog am Telefon eine positive und angenehme Atmosphäre geschaffen werden kann.

Für die Einwandbehandlung in engerem Sinne sind Lobformulierungen der mittleren Kategorie sinnvoll. Diese wiederum werden unterschieden zwischen einem pauschalen Lob und einem detaillierten Lob. Pauschale Formulierungen können so lauten:

▶ „Das ist ein wichtiger Hinweis ..."

▶ „Gut, dass Sie darauf nochmals zurückkommen ..."

▶ „Eine ganz wichtige Frage in dem Zusammenhang ..."

▶ „Gut, dass Sie das gleich so ansprechen ..."

▶ „Sie gehen der Sache auf den Grund ..."

▶ „Das ist ein offenes Wort ..."

Diese pauschalen Aussagen haben nur eine begrenzte Wirkung, sie sind allgemein bekannt und sollten folglich nur sehr dosiert eingesetzt werden. Prinzipiell ist eine solch allgemeine Formulierung auch nur dann empfehlenswert, wenn eine pauschale allgemeine Aussage des Gesprächspartners im Raum steht, die entkräftet werden soll. Bei dem Einstieg in die Schlüsseltechnik (siehe Abschnitt „Hauptvorwand: ‚Kein Interesse!'" in Kapitel 4) kann auf die allgemeine Kundenaussage wie: „Daran habe ich kein Interesse!" natürlich auch nur mit einer pauschalen Formulierung geantwortet werden.

Eine detaillierte Lobformulierung ist möglich und angebracht, wenn der Angerufene einen gezielten Einwand vorbringt, aus dem sich ein konkreter Ansatzpunkt für die Einleitung in die nachfolgende Einwandbehandlung ergibt. Ziel dieser Technik ist es, nach dem Prinzip des „Verbal-Judos" die Skepsis abzufedern und punktgenau dort aufzusetzen, wo der Gesprächspartner seinen Widerstand erkennen lässt.

Verbal-Judo – einige Beispiele:

▶ *Aussage des Kunden:* „Schicken Sie mir erst einmal was Schriftliches zu!"

Einleitung der Einwandbehandlung: „Sie haben natürlich Recht, Unterlagen sind natürlich eine Möglichkeit, sich mit dem Thema näher zu befassen ...!"

▶ *Aussage des Kunden:* „Für einen Termin habe ich augenblicklich keine Zeit!"

Einleitung der Einwandbehandlung: „Dass Sie bei Ihrer Tätigkeit ein volles Terminbuch haben und Ihre Zeit begrenzt ist, versteht sich von selbst ...!"

▶ *Aussage des Kunden:* „Ihr Preis ist zu hoch."

Einleitung der Einwandbehandlung: „Dass für Ihre Entscheidung der finanzielle Aspekt von maßgeblicher Bedeutung ist, ist verständlich ...!"

▶ *Aussage des Kunden:* „Wir haben zu diesem Thema bereits einen Ansprechpartner."

Einleitung der Einwandbehandlung: „Hervorragend, wenn Sie in diesem Thema bereits mit einem Profi/Fachmann zusammenarbeiten ...!"

Wichtig ist hier, die Begriffe, die der Kunde als Einwand vorbringt, möglichst genau auch in der abfedernden Lobformulierung widerzuspiegeln. Die Parallele zur asiatischen Kampfsportart Judo ist offensichtlich: Der Anrufer lässt die Aggression des potenziellen Kunden ins Leere laufen und reagiert erst dann auf diesen Angriff. Diese Vorgehensweise widerspricht dem sonst üblichen Reflex in der menschlichen Kommunikation, sich auf einen Angriff hin zu verteidigen und in Abwehrstellung zu gehen. Gerade die Abweichung vom „normalen" Verhalten ist es, die Ihnen im weiteren Gespräch den Spielraum verschafft, den Sie für das Vorbringen Ihrer Einwandbehandlung benötigen. In der Praxis gehört einiges Fingerspitzengefühl dazu, um für die gängigen Einwände entsprechend wohldosierte, detaillierte Lobformulierungen auszuarbeiten, die auch mit dem persönlichen Sprachgebrauch des einzelnen in Einklang stehen. Wesentlicher Faktor ist ganz klar die richtige Dosierung: Ihr Gegenüber wird sich durch allzu plumpes, offensichtlich zielorientiertes Lob ganz bestimmt nicht schmeicheln lassen. Solche Übertreibungen führen eher dazu, dass der Verkäufer sich lächerlich macht und somit jede Chance für ein konstruktives Gespräch verbaut. Eine weitere Gefahr – und auch der große Vorteil – in der Praxis besteht darin, dass tatsächlich die Kundenreaktionen nahezu alle vorhersehbar sind. Achten Sie auch in solchen Situationen darauf, dass Sie sich hier am Gesprächspartner orientieren und ganz bewusst ein Lob formulieren.

Eine starke Lobformulierung erweist sich dann als bestes rhetorisches Mittel, wenn der Verkäufer direkt und persönlich angegriffen wird. Das kann beispielsweise vorkommen, wenn er Produkte aus einem Markt mit inzwischen negativem Image anbietet – wie Versicherungen oder Kapitalanlagen – oder wenn der Anrufer eine handfeste Reklamation vorzubringen hat. (Auf nähere Ausführungen zur Reklamationsbehandlung wird im Folgenden verzichtet.) Wenn nach bestimmten massiven Kundenäußerungen überhaupt noch eine Chance besteht, den Dialog weiterzuführen, dann mit hoher Wahrscheinlichkeit durch eine sehr umfangreiche lobende Formulierung. Damit nehmen Sie dem Gesprächspartner erst einmal den Wind aus den Segeln.

Beispiel für eine Reaktion auf massive Kundenäußerungen:

▶ *Aussage des Kunden:* „Ihr Versicherungsvertreter seid doch nur daran interessiert, dicke Provisionen zu verdienen, und wenn Ihr Euren Abschluss in der Tasche habt, dann meldet sich niemand mehr."

Einleitung der Einwandbehandlung: „Herr …, Sie haben sicher recht, dass es in dieser Branche auch schwarze Schafe gibt, die einzig und allein daran interessiert sind, anderen das Geld aus der Tasche zu ziehen. Da gibt es gar nichts zu beschönigen, und ein gehöriges Maß an Skepsis Ihrerseits ist auch gut, denn schließlich geht es um Ihr hartverdientes Geld … !"

Vorausgesetzt, ein wirklich aufgebrachter Kunde lässt den Verkäufer überhaupt noch zu Wort kommen, dann bietet Ihnen der Einsatz eines solchen „Feuerlöschers", wie die Lobformulierung auch bezeichnet werden kann, eine der wenigen Chancen, konstruktiv mit dem aggressiven Kommunikationsstil des Beteiligten umzugehen. Vor allem in der Kaltakquise oder auch bei der Reaktivierung von Altkontakten kann es zu recht massiven Äußerungen kommen, die dem Verkäufer das Leben ziemlich schwer machen können. Gerade, weil unterschwellig solche Aussagen befürchtet werden, besteht bei vielen Akquisiteuren diese gewisse Scheu vor dem Telefon: Das ist nur allzu verständlich. Hier gibt es nur zwei Methoden, um diese Scheu nachhaltig zu überwinden: zum einen die Verinnerlichung der Regel, dass solche Abwehrreaktionen nicht persönlich zu nehmen sind, und zum anderen natürlich die gründliche Vorbereitung auf das Akquisetelefonat und das entsprechende Training, um Strategien zu entwickeln, mit denen Sie am Telefon auf Ihr Ziel hinarbeiten können: auf den Termin!

Die Technik der starken Lobformulierung ist beim ersten Kundeneinwand während des Gesprächs besonders angebracht; bringt ein Kunde während des Akquisetelefonats dann noch zahlreiche weitere Einwände an, empfiehlt es sich, mit fortlaufender Einwandbehandlung die Dosierung der Lobformulierung entsprechend zu schwächen.

Vergegenwärtigen Sie sich bei der Ausarbeitung Ihrer eigenen Formulierungen immer wieder diesen Satz, den Sie ja auch bestimmt aus eigener Erfahrung nur bestätigen können: Der Mensch kann sich gegen einen Angriff wehren, nicht aber gegen ein Lob!

Die Einwandbehandlung in vier Phasen

Die Methode des Abfederns durch Lobformulierung, die ich eben erläutert habe, stellt einen wesentlichen Baustein für die professionelle Einwandbehandlung dar. Dabei ist es natürlich nicht so, dass durch eine Lobformulierung der Einwand bereits entkräftet wird. Vielmehr erfordert das den Einsatz einer Gesamtstrategie, die sich in vier Phasen unterteilen lässt. Wir sprechen hier von einer Vier-Phasen-Einwandbehandlung. Die Phase 1 wurde im vorangehenden Abschnitt vorgestellt, sie bedeutet in der Praxis ein wohldosiertes, mittelstarkes Lob als Reaktion auf die jeweilige Kundenaussage.

Haben Sie sich einmal selbst zugehört, wie Sie normalerweise nach einer solchen abfedernden Formulierung weitersprechen? Sehr wahrscheinlich benutzen Sie eines der folgenden Worte: „aber", „doch" oder „trotzdem". Es ist ein sehr gängiges Sprachmuster, eine positive Formulierung mit dem Konfrontationswort „aber" fortzuführen; damit wird die vorher getroffene positive Aussage jedoch zunichte gemacht. Oft genug stößt man im Alltagsleben auf solche Konstruktionen. Denken Sie nur an Eltern, die zum Beispiel zu ihren Kindern sagen: „Toll, dass du dein Zimmer aufgeräumt hat, *aber* an die Hausaufgaben musst du heute auch noch denken!" Dieses „aber" ist das am häufigsten benutzte Konfrontationswort unserer Sprache. Wie oft haben Sie es selbst schon erlebt, dass Sie im Verlauf eines eigentlich recht angenehmen Gesprächs an einem bestimmten Punkt förmlich zu ahnen begannen, dass eine Aussage Ihres Gegenübers mit einem „aber" fortgeführt wird.

Wenn sich eine solche Situation in einem Gespräch sogar mehrfach wiederholt, lässt sich das Gefühl der Aggression kaum vermeiden und das Gespräch wird unvermeidbar eine negative Dynamik entwickeln: Denn das Wort „aber" stellt im Grunde nichts anderes dar als ein „verzuckertes" Nein.

Die so genannte „Ja, aber-Technik" als Einwandbehandlungsmethode nahm in früheren Ausbildungsprogrammen für Verkäufer einen festen Platz ein. Mag diese Vorgehensweise damals auch zum Erfolg geführt haben, heutzutage führt sie leicht ins Abseits. Der Kunde als Verbraucher ist kritischer und solchen Methoden gegenüber größtenteils resistent geworden. Er stuft sie als plumpe Überrumpelungstechnik ein und lässt sich dadurch nur noch in den seltensten Fällen – wenn überhaupt – zum gewünschten Abschluss bewegen. Hier gilt es, Alternativen zu diesen Konfrontationsworten zu finden und diese einzusetzen: Bewährt hat sich für diese Phase 2, die dem Abfedern durch Lob folgt, die aus der Rhetorik bekannte, so genannte *suggestive Eröffnung*. Der Begriff Suggestion wird definiert als unterschwellige Beeinflussung, die der Mensch als angenehm empfindet, allerdings nicht bewusst wahrnimmt. Viele werden mit dem Begriff Suggestion sofort an Suggestivfragen erinnert, deren Einsatz heute allerdings sehr viel Vorsicht und Fingerspitzengefühl erfordert. Bei der suggestiven Eröffnung handelt es sich um eine leichte, kundenorientierte Unterstellung, die als Übergang in die nachfolgende Argumentationsphase dient. Das Ziel dieser Unterstellung liegt darin, mit einer winzigen Formulierung die Neugier des Gesprächspartners zu wecken und hier an Stelle der sonst üblichen Konfrontation einen kooperativen Weg zu finden.

Suggestive Eröffnungen können sein:

▶ „Sicher ist es Ihnen wichtig …"

▶ „Dann kann es für Sie ja nur von Vorteil sein …"

▶ „Bestimmt legen Sie Wert darauf …"

▶ „Dann kommt es Ihnen bestimmt darauf an …"

Immer dann, wenn eine Kontrollfrage gestellt werden kann, wie: „Was ist mir wichtig?" oder „Worauf kommt es mir an?", handelt es sich um eine suggestive Eröffnung. Mit einer solchen Formulierung spannen Sie sozusagen den Bogen für Ihre anschließende Argumentation. Diese suggestive Eröffnung ist eine sehr wirksame Möglichkeit, **Phase 1** des Abfederns durch Lob und **Phase 3** der Argumentation miteinander zu verbinden.

Neben dieser Vorgehensweise hat sich die so genannte *Bumerangmethode* bewährt und kann wahlweise als **Phase 2** eingesetzt werden. Im Gegensatz zur suggestiven Eröffnung ist die Bumerangtechnik allerdings nicht in jeder Situation die passende: In manchen Fällen wirkt sie einfach zu offensiv. Ähnlich wie ein Bumerang, der automatisch zum Werfer zurückkehrt, wird das vorgebrachte Argument in einer positiven Interpretation wieder an den Kunden zurückgegeben. Hier hängt es wiederum von Ihrer Persönlichkeit und von Ihrer persönlich entwickelten Strategie ab, ob und in welchen Fällen Sie sich für diese Bumerangmethode entscheiden.

Folgende Formulierungen haben sich für die Bumerang-Methode bewährt:

▶ „…, gerade weil …

▶ „…, eben deshalb …

▶ „…, eben darum …

Ziel dieser Methode ist es, den Widerstand des Kunden aus einer anderen Perspektive zu betrachten. Von Verkäufern oft bereits unbewusst genutzt, wird sie in der Kundenkommunikation vielfach erfolgreich praktiziert.

Das Herzstück der Argumentation ist die **Phase 3**, da hier die Einwandbehandlung im engeren Sinne erfolgt. In **Phase 3** greifen die bereits erwähnten Grundregeln für professionelle Verkaufsrhetorik, indem die Argumentation kundenorientiert im Sie-Standpunkt geführt wird und der Nutzen der Terminvereinbarung anhand der „Schnitzeltechnik" deutlich hervorgehoben wird.

Die unbewussten (manchmal auch bewussten) Fragen des Kunden: „Weshalb soll ich denn auf Unterlagen verzichten?" oder „Weshalb soll ich, obwohl ich zu dem angesprochenen Thema bereits einen Fachmann konsultiere, einem weiteren Gesprächstermin zustimmen?" können nur in einer absolut kundenorientierten Formulierung wirksam beantwortet werden. An dieser Stelle ist es hilfreich, sich noch einmal die Erläuterungen zum „Sie-Standpunkt" zu vergegenwärtigen.

In der Argumentationsphase ist es nicht unbedingt erforderlich, dieselbe „Schnitzelformulierung" zu berücksichtigen, die vorher in der Gesprächseröffnung angeführt wurde. Das würde das Vorgehen des Anrufers unnötig komplizieren und eine überdurchschnittliche Anforderung an die persönliche Konzentration des Verkäufers mit sich bringen, die an dieser Stelle nicht notwendig ist. Es reicht durchweg aus, in diese Phase eine der allgemeinen „Schnitzelformulierungen" einfließen zu lassen, da jede Art von Nutzenargumentation aus Sicht des Kunden nur positiv gewertet werden kann.

Selbstverständlich kann gerade diese Phase mit plakativen Formulierungen optimiert werden, um dadurch eine möglichst plastische, ausdrucksstarke Sprache zu erreichen.

In der **Phase 4** wird deutlich das eigentliche Ziel der Terminvereinbarung angesteuert – der Verkäufer spannt den Bogen zum Abschluss. Lange Jahre wurde allen Mitarbeitern im Vertrieb die Alternativfrage als das Nonplusultra für die Terminabsprache vorgestellt. Auch heute noch trifft man in zahlreichen Telefonskripts auf den Formulierungsvorschlag: „Herr …, ist Ihnen ein Gespräch lieber um 15 Uhr oder am späten Nachmittag um 17 Uhr?" Diese Taktik ist inzwischen in breiten Kreisen bekannt, und die Gefahr ist groß, sich mit einer so bekannten, plumpen Formulierung als ernsthafter Gesprächspartner zu disqualifizieren. Der potenzielle Kunde ist heute weit gehend sensibilisiert und wittert sofort die Überrumpelungsabsicht, die hinter dieser Alternativfrage steht. Weiter unten finden Sie Vorschläge für weichere „zeitgemäßere" Alternativfragen.

Sie können davon ausgehen, dass der Termin durchaus ein selbstverständliches Ergebnis Ihres Kundengesprächs ist, wenn Sie es geschafft haben, eine kundenorientierte vertrauensvolle Kommunikation aufzubauen. Die Taktik, die viele Verkäufer hier immer noch verfolgen – nämlich mit einer sehr plumpen Alternativfrage ihre schwache Einwandbehandlung reparieren zu wollen –, greift nicht. Gerade bei Geschäftsleuten oder auch bei Privatpersonen mit überdurchschnittlichem Jahreseinkommen stößt diese Vorgehensweise in der heutigen Zeit auf massiven Widerstand. Wenn schon der Abschlussversuch mit einer Alternativfrage angestrebt wird, so hat es sich bewährt, diese möglichst weich zu formulieren.

▶ „Herr …, wollen wir uns zu einem ersten Kennenlernen tagsüber bei Ihnen im Büro sehen oder, wenn es Ihre Zeit ermöglicht, gerne auch am frühen Abend bei Ihnen zu Hause?"

▶ „Möglich ist ein Gespräch durchaus noch zum Ende der Woche, oder wenn Sie diese Woche zeitlich sehr eingespannt sind, können wir uns auch gerne zum Beginn nächster Woche verabreden."

▶ „Lässt es sich von Ihrem Tagesablauf besser vormittags einrichten oder lieber zur Mittagszeit, so dass wir das Thema gemeinsam beim Essen besprechen können?"

Diese etwas weicheren Alternativfragen beinhalten keine präzisen Zeitangaben und bieten dem Angerufenen gleichzeitig eine freie Wahlmöglichkeit unter Berücksichtigung seines Terminkalenders. Es ist durchaus sinnvoll, den genauen Termin mit zwei Alternativfragen einzukreisen.

Sie müssen sich allerdings nicht ausschließlich auf diese Alternativfragen festlegen: Wenn es Ihrem Gefühl entspricht, kann es durchaus angebracht sein, in der Abschlussphase eine offene Frage zu verwenden wie zum Beispiel:

▶ „Wann können wir uns zu diesem Thema zusammensetzen?"

Zur **Phase 4** ist insgesamt anzumerken, dass die Bedeutung von Abschlusstechniken sowohl im Verkauf vor Ort als auch am Telefon oft überbewertet wird. Starke Abschlusstechniken sind dann erforderlich, wenn Sie sich für die Vorgehensweise entschieden haben, das gewünschte Ziel mit sanfter Gewalt und etwas Druck anzustreben. Natürlich können Sie das Gesprächsziel – die Terminvereinbarung – mit so einer konsequenten Abschlussstrategie erreichen. In der Praxis stellt sich jedoch immer wieder heraus, dass Termine, die auf diese Weise zustande gekommen sind, diejenigen sind, die am chesten „kippen", das heißt entweder nicht eingehalten werden oder beim vorherigen Fixen des Termins vom Gesprächspartner storniert werden. Wenn es also darum geht, eine möglichst geringe Stornoquote in der Telefonakquise zu erreichen, dann konzentrieren Sie den Schwerpunkt Ihrer Verkaufsausbildung mehr auf interessante Gesprächseröffnungen und die professionelle Einwandbehandlung – dieser Weg lohnt sich.

Phase 1:	Lob, Abfedern der Kundenreaktion
Phase 2:	Suggestive Eröffnung oder Bumerangmethode
Phase 3:	Argumentation (unter Berücksichtigung des Sie-Standpunkts und der Schnitzeltechnik
Phase 4:	Terminfrage

Die professionelle Einwandbehandlung nach der soeben vorgestellten Vier Phasen-Methode zu gängigen Kundenreaktionen sei hier im folgenden aufgeführt:

Kundenaussage: „Ich habe keine Zeit!"

Phase 1: „Es ist verständlich, dass Sie ein volles Terminbuch haben.

Phase 2: Dann ist es sicher auch in Ihrem Sinne,

Phase 3: keine stundenlange Präsentation abzustimmen, sondern in wenigen Minuten einmal zu prüfen, wie Sie in Zusammenarbeit mit der Unternehmensgruppe X neue Kunden für Ihren Betrieb gewinnen können. Danach entscheiden Sie, wie unser Kontakt weiter verläuft.

Phase 4:	Stellt sich nur die Frage, welcher Zeitpunkt von Ihrem Tagesablauf besser geeignet ist. Im Laufe des Vormittags oder besser am Nachmittag?"

Kundenaussage: „Schicken Sie mir erst einmal Unterlagen!"

Phase 1:	„Sie haben sicher Recht, dass Unterlagen eine Möglichkeit sind, sich mit diesem Thema näher zu beschäftigen.
Phase 2:	Gleichzeitig werden Sie sicher zustimmen,
Phase 3:	dass Unterlagen zu solch einem komplexen Thema wie Einsparung der Betriebskosten und Erhöhung der Liquidität nur allgemein sein können, und bevor Sie sich hier durch einen Stapel Papier durchwühlen, ist es sicher auch in Ihrem Interesse, eine Maßanfertigung auf Ihre Betriebsgröße kennen zu lernen. Dafür ist ein persönliches Gespräch sinnvoll.
Phase 4:	Lässt sich das von Ihrem Terminkalender her noch in dieser Woche einrichten, oder wollen wir auf die nächste Woche ausweichen?"

Kundenaussage: „Wir haben bereits einen Lieferanten!"

Phase 1:	„Es spricht nur für Sie, wenn Sie Ihrem jetzigen Lieferanten die Treue halten.
Phase 2:	Dann kann es ja nur von Vorteil sein,
Phase 3:	in Spitzenzeiten auf einen weiteren zuverlässigen Partner zurückgreifen zu können und gleichzeitig zu überprüfen, ob Sie die günstigsten Konditionen im Markt bereits nutzen. Das lässt sich natürlich nicht am Telefon klären.

| Phase 4: | Dazu wird es gut sein, sich bei einer Tasse Kaffee persönlich zu unterhalten. Wollen wir hierzu einen Termin Anfang der Woche oder lieber in der zweiten Wochenhälfte ins Auge fassen?" |

Kundenaussage: „Ich habe kein Geld!"

Phase 1:	„Sie sagen gleich, wie es um die Finanzen bestellt ist.
Phase 2:	Dann ist es ja unter diesen Umständen für Sie besonders interessant,
Phase 3:	Einsparmöglichkeiten bezogen auf X kennen zu lernen und hierdurch die finanzielle Situation zu verbessern. Nach einem kurzen Gespräch wissen Sie, wie sich dieses Konzept in barer Münze für Sie auszahlt.
Phase 4:	Ist es von Ihrem Wochenablauf besser Anfang oder Ende der Woche einzurichten?"

Kundenaussage: „Ich habe schlechte Erfahrungen gemacht!"

Phase 1:	„Dass Sie aufgrund solcher Erfahrungen skeptisch sind, ist nur allzu verständlich.
Phase 2:	Dann kann es für Sie ja nur von Vorteil sein,
Phase 3:	mit genau dieser Vorsicht ein Angebot bezüglich X einmal kritisch zu prüfen. Wenn sich dann herausstellt, dass in diesem Bereich die Weichen bereits optimal gestellt sind, hat sich ein Vergleich für Sie auf jeden Fall gelohnt.
Phase 4:	Welchen Termin können wir für ein Gespräch ins Auge fassen?"

Kundenaussage: „Sie wollen doch nur etwas verkaufen!"

Phase 1:   „Verständlich, dass Sie denken, es geht nur darum, mit Ihnen ein Geschäft zu machen.

Phase 2:   Sie werden sicher zustimmen,

Phase 3:   es ist gar nicht möglich, Ihnen etwas zu verkaufen; wenn überhaupt, dann kaufen Sie. Sie bestimmen, was gemacht wird, nachdem Sie alle Vorteile kennengelernt haben.

Phase 4:   Es bleibt nur noch die Frage offen, wann wir über diese Vorteile näher sprechen wollen …"

Die wirksame Abschlussphase

Zusammenfassung und Nachmotivation

Nach der erfolgreich abgeschlossenen Einwandbehandlung und der Terminvereinbarung mit dem Kunden, die durch eine weiche Alternativfrage oder eine offene Frage zustande gekommen ist, empfiehlt es sich, das gemeinsame Ergebnis nochmals kurz zusammenzufassen und den genauen Zeitpunkt zu wiederholen. So beugen Sie eventuellen Missverständnissen bezüglich des genauen Termindatums und der Uhrzeit vor. Eine solche Zusammenfassung kann sich zum Beispiel so anhören: „Ausgezeichnet, Herr …, dann halten wir gemeinsam fest: am kommenden Donnerstag, den …, um 16 Uhr bei Ihnen im Büro, Goethestraße Nr. 1." Geben Sie Ihrem Gesprächspartner durchaus zu erkennen, dass Sie sich diesen Termin notiert haben, das löst bei ihm den Impuls aus, ebenfalls zum Stift zu greifen und die Angaben schriftlich zu fixieren. Nachdem der Termin in dieser Art wiederholt bzw. bestätigt wurde, ist es von Vorteil, eine kurze Phase der Nachmotivation in das Gespräch einzubauen, denn: Jeder Mensch ist nach einer getroffenen Entscheidung sehr offen für eine nochmalige Bestätigung. Das bestärkt ihn darin, dass er mit seiner Entscheidung etwas richtiges auf den Weg gebracht hat. Die Nachmotivation könnten Sie zum Beispiel so formulieren: „Herr …, dieses Gespräch wird sich für Sie in barer Münze auszahlen!" oder „Nach unserem Kennenlernen werden Sie sagen, gut, dass ich mir die Zeit genommen habe!"

Positiver Gesprächsabschluss

Jede weitere Kommunikation mit dem Gesprächspartner *nach* der Terminabsprache trägt dazu bei, den Termin zu stabilisieren. Das kann durch eine Bestätigung der getroffenen Entscheidung geschehen oder durch die Frage nach einer Wegbeschreibung zum vereinbarten Treffpunkt. Es kommt in der Praxis allzuoft vor, dass der Verkäufer – froh darüber, dass er den Termin vereinbaren konnte – automatisch zum Rückzug übergeht, nachdem der Zeitpunkt einmal abgesprochen ist. Unterschwellig spielt hier die Befürchtung mit, dass der potenzielle Kunde in der nachfolgenden Kommunikation von dem soeben erzielten Ergebnis wieder zurücktreten könnte. Das Gegenteil ist jedoch der Fall: Eine detaillierte Wegbeschreibung oder auch die Frage nach der Parkplatzsituation sind bewährte Aufhänger, die ein abruptes Gesprächsende verhindern. Die Frage nach der Parkplatzsituation ist insbesondere bei Geschäftsterminen angebracht – bei einem Privattermin im Wohngebiet hingegen wirkt sie leicht aufgesetzt. Der positive Effekt der abschließenden kurzen und freundlichen Kommunikation ist eine erhöhte Verbindlichkeit, die zwischen Ihnen und Ihrem Gesprächspartner entsteht. Und wenn Sie sich dann mit einem freundlichen Gruß oder Wunsch, zum Beispiel: „Dann wünsche ich Ihnen noch eine angenehme Arbeitswoche!" oder „Viel Erfolg auf der Messe nächste Woche!" verabschiedet haben, sind die besten Voraussetzungen für den anstehenden Termin geschaffen.

Möglichkeiten zur Festigung des vereinbarten Termins

Es ist nahezu eine Selbstverständlichkeit, Termine möglichst zeitnah zu vereinbaren. Eine große Zeitspanne sollte also nur in Ausnahmefällen akzeptiert werden. Versuchen Sie immer, den Termin so nah wie möglich an das Telefonat anschließen zu lassen. Es leuchtet ein, dass der Nutzen des Besuchstermins umso nachhaltiger sein wird, je geringer die Zeitspanne zwischen Telefonat und persönlichem Kennenlernen liegt. Das Potenzial an aufgebauter Verbindlichkeit kann so am effektivsten genutzt werden. Vielleicht ist es Ihnen nach einer relativ langen Zeit sogar schon einmal passiert, dass Sie mit der Frage „Sagen Sie, weshalb haben wir uns noch einmal verabredet?" konfrontiert werden.

Sollte es tatsächlich einmal der Fall sein, dass ein Termin sich nur auf einen Zeitpunkt mehrere Wochen nach dem Telefonat legen lässt, empfiehlt sich eine schriftliche Bestätigung des gemeinsam vereinbarten Zeitpunkts und des verabredeten Ortes, um einem Terminstorno entgegenzuwirken. Eine solche schriftliche Benachrichtigung wirkt professionell und unterstreicht die Ernsthaftigkeit und Seriosität des Anrufers. In einer schriftlichen Terminbestätigung kann der Nutzen für diesen Gesprächstermin nochmals wiederholt werden, so versenden Sie nicht nur eine förmliche Mitteilung, sondern demonstrieren ein individuell zugeschnittenes Vorgehen, das konkret auf den Einzelfall des jeweiligen Kunden eingeht – und als solches auch positiv registriert wird.

Unabhängig von der schriftlichen Ausfertigung ist ein nochmaliges Fixen des Termins durch ein kurzes Telefonat sinnvoll, insbesondere dann, wenn eine größere Zeitspanne gegeben oder wenn die Fahrt zum vereinbarten Treffpunkt für Sie mit einem hohen Aufwand verbunden ist. Auf diese Weise können Sie sicherstellen, dass der Termin von Ihrem potenziellen Kunden eingehalten wird. Als Gesprächsaufhänger für dieses Terminfixen kann zum Beispiel eine Wegbeschreibung dienen, falls sie beim ersten Kontakt nicht bereits besprochen wurde, oder eine geringfügige Verspätung, die eventuell eintreten würde, oder einfach nur der allgemeine Hinweis, dass das Gespräch Ihrerseits fest eingeplant ist und Sie sich auf diesen Termin freuen. Nach einer solchen Rückversicherung haben Sie Ihr erstes Ziel auf dem Weg zum Abschluss erreicht: den Termin!

Viel Erfolg!

Zusammenfassung

1. Für den ersten Eindruck gibt es keine zweite Chance! Die optimale Gesprächseröffnung bestimmt den weiteren Verlauf des Telefonats mit dem Gesprächspartner wesentlich!

2. Formulieren Sie für Ihre Branche bzw. Ihr Produkt einige zündende Gesprächseröffnungen, die mit Ihrem persönlichen Sprachstil übereinstimmen.

3. Nutzen Sie verstärkt rhetorische Elemente wie „Sie-Standpunkt", „Schnitzel-Technik" und Lobformulierungen, um Ihre Kommunikation am Telefon zu optimieren.

4. Prüfen Sie, welche typischen Kundenreaktionen in Ihrer Branche verstärkt auftreten und mit welchen Strategien der Einwandbehandlung Sie ihnen entgegnen können.

5. Sichern Sie die Einhaltung des Termins nach Erreichen des Abschlussziels durch Wiederholung des Ergebnisses und fixieren Sie die getroffenen Abmachungen gegebenenfalls durch ein weiteres Telefonat.

Erfolgsfaktoren der professionellen Telefonakquise von A bis Z

A = Akquise

Für viele Verkäufer hat die Akquise – und damit das Telefonieren – immer noch etwas fast Dämonisches. Mein Kollege Dr. Christian Altmann hat es einmal folgendermaßen beschrieben: „Viele Verkäufer stellen sich lieber für dreißig Minuten unter eine kalte Dusche als dreißig Minuten kalt zu akquirieren." Gründe für diesen Frust – und damit auch Mittel und Wege, diesen zu überwinden – gibt es genügend. Dabei werden Sie schnell merken: Alleine schon die Auseinandersetzung mit den eigenen Blockaden ist der beste Weg, sie zu überwinden.

B = Begrüßung und Vorstellung

Die ersten drei Sekunden der Verständigung bilden eine der schwierigsten Phasen des Gesprächs: Der Angerufene ist erst einmal damit gefordert, dass er sich an Ihre Stimme gewöhnen muss und für die ersten Silben deshalb noch gar nicht richtig aufnahmefähig ist. Daher ist es nicht unbedingt empfehlenswert, die Begrüßung so zu gestalten, dass Sie zuerst Ihren Namen oder den Unternehmensnamen nennen und dann den potenziellen Kunden begrüßen. Überbrücken Sie diese ersten kritischen Sekunden, indem Sie seinen Namen nennen! Jeder Mensch fühlt sich geehrt, wenn man ihn mit seinem Namen anspricht.

C= (Service-)Calls

Denken Sie immer an Ihre bestehenden Kunden! Nachdem viele Branchen jahrelang dazu übergegangen waren, sich nach erfolgtem Abschluss nie mehr bei ihrem Kunden zu melden, zeichnet sich seit einiger Zeit

Widerstands sucht. Ein Verkäufer ruft einen potenziellen Kunden an, erfährt dort mehr oder weniger massive Ablehnung auf sein Angebot und wendet sich daraufhin am liebsten umgehend dem nächsten Telefonat zu. Vielleicht reagiert der Nächste ja aufgeschlossener! Dabei reicht in manchen Fällen einfach ein weiterer freundlicher Anruf bei dem „schwierigen" Kunden, um den Stein ins Rollen zu bringen … Verinnerlichen Sie den Leitsatz „Höfliche Hartnäckigkeit hilft", und leben Sie ihn tagtäglich.

I = Identifikation

„Nur wer selbst brennt, kann andere entzünden". Diese bekannte und oft zitierte Aussage von Augustinus bringt treffend auf den Punkt, dass die Identifikation des Verkäufers mit seiner Tätigkeit und mit dem Produkt eine maßgebliche Voraussetzung für seinen Erfolg ist. In der Vertriebslandschaft gilt diese Erkenntnis als alter Hut, trotzdem lohnt es sich, ihr – vor allem in Verbindung mit der Telefonakquise – immer wieder verstärkt Beachtung zu schenken. Ein Verkäufer, der ein klares Bewusstsein davon hat, dass beide Seiten von der angestrebten Geschäftsbeziehung profitieren können, verfügt über eine starke Identifikation.

J = (Verbal-)Judo

Aussage des Kunden: „Ihr Preis ist zu hoch." Einleitung der Einwandbehandlung: „Dass für Ihre Entscheidung der finanzielle Aspekt von maßgeblicher Bedeutung ist, ist verständlich...!" Wichtig ist hier, die Begriffe (Preis, Zeit…), die der Kunde als Einwand vorbringt, möglichst genau widerzuspiegeln. Die Parallele zur asiatischen Kampfsportart Judo ist offensichtlich: Der Anrufer lässt die Aggression des potenziellen Kunden ins Leere laufen und reagiert erst dann auf diesen Angriff. Diese Vorgehensweise widerspricht dem sonst üblichen Reflex in der menschlichen Kommunikation, sich auf einen Angriff hin zu verteidigen und in Abwehrstellung zu gehen. Gerade die Abweichung vom „normalen" Verhalten ist es, die Ihnen im weiteren Gespräch den nötigen Spielraum verschafft.

K = Kunden(-gruppen)

Aus der Praxis wissen Sie, dass der Anspruch, aus jedem telefonischen Kontakt einen Neukunden gewinnen zu wollen, mehr als vermessen ist. Dennoch können Sie Ihre Chancen, bestimmte Kontakte in konkrete Terminvereinbarungen umzuwandeln, wesentlich steigern. Dabei hilft die Unterteilung in drei Kundengruppen.

Ein Anruf bei einem so genannten Zuläufer oder *Jasager* verläuft nach einem einfachen Schema. Sie rufen an, umreißen Ihr Thema kurz und prägnant und haben den Termin schon in der Tasche. Es ist, als ob der Kunde nur auf Sie gewartet hätte. Der rigorose *Neinsager* unterbricht Sie manchmal schon während Ihrer Gesprächseröffnung bzw. gibt Ihnen spätestens innerhalb der ersten dreißig Sekunden des Gesprächs zu verstehen, dass Sie bei ihm auf Granit beißen und auch bei höchstem verkäuferischem Einsatz eine Terminabsprache absolut ausgeschlossen ist. Die beeinflussbaren Kontakte – das ist für Sie die interessanteste Gruppe. Das sind diejenigen, bei denen die Möglichkeit besteht, dass ein Überzeugungsprozess stattfinden kann und dass sie am Ende des Telefonates sagen: „O.K., ich höre mir das mal an. Ich bin sehr gespannt darauf, was Sie mir zeigen wollen. Aber bitte: Versprechen Sie sich nicht zu viel von unserem Gespräch!"

L = Lob

Für jeden von uns ist regelmäßiges Lob und Anerkennung durch andere Personen wichtig für das seelische Gleichgewicht. Ganz bestimmt ist unsere Gesellschaft inzwischen so strukturiert, dass die meisten Menschen Bestätigung, Komplimente und anerkennende Worte nicht in dem Maß erhalten, das sie sich wünschen, und daher jedes Lob aufsaugen wie ein trockener Schwamm das Wasser. Dieses bestehende Defizit an verbaler Bestätigung lässt sich gerade im Kundendialog hervorragend nutzen. Dabei geht es nicht darum, mit übertriebenen Formulierungen auf eine Ebene zu geraten, die für das Gegenüber nicht mehr glaubwürdig ist,

124

sondern darum, die Skepsis und gar die Aggressionen des Angerufenen erst einmal weich abzufedern und nachfolgend eine inhaltliche Aussage zu treffen.

M = Mailingaktion

Die Vorgehensweise der Kaltakquise wird immer noch gerne mit entsprechenden Mailingaktionen verbunden. Vor einiger Zeit reichte es vielleicht noch aus, eine gewisse Anzahl von Briefen zu versenden und nach dem Prinzip Hoffnung auf entsprechende Rückläufer zu warten. Heutzutage greift diese Methode allerdings nicht mehr: Die Reizüberflutung der Verbraucher ist so stark, dass viele Briefe einfach ungeöffnet im Papierkorb landen. Mehr Erfolg verspricht hier der Versand einer kleinen gezielten Mailingauflage, die mit einem Nachfasstelefonat kombiniert wird.

N = Nutzen

„Verkaufen Sie keine Bohrmaschine, sondern das Loch in der Wand". Der Hinweis, mit Kunden nicht über Produkte, sondern über Nutzen und Lösungen zu sprechen, ist in der gängigen Verkaufsliteratur schon hinreichend behandelt worden. Die meisten Verkäufer werden sich mit diesem Leitsatz schon einmal beschäftigt und auch versucht haben, ihn entsprechend in ihr Verkaufsgespräch vor Ort einfließen zu lassen. Bei der Telefonakquise scheint dieses Prinzip – das heißt die Nutzenargumentation – dagegen immer noch eher vernachlässigt zu werden. In einer geradezu beneidenswerten Situation sind diejenigen Verkäufer, die auf Grund eines USP (Unique Selling Proposition) ein einzigartiges Verkaufsversprechen zur Verfügung haben und sich damit bereits in der Akquise maßgeblich von anderen Anbietern abgrenzen können. Der Verkäufer hat es während eines Telefonats relativ leicht, bereits zu Beginn des Gesprächs diesen überdurchschnittlichen Nutzen im Vergleich zu anderen Anbietern hervorzuheben und damit die Neugier des Verbrauchers zu wecken.

O = Orientierung

Machen Sie sich bewusst, was Sie sich von einem Telefonat versprechen, was Sie erreichen wollen. Wollen Sie eine Terminvereinbarung, ist es ein „Nachfassgespräch" oder melden Sie sich bei einem Stammkunden, um sich nach der Zufriedenheit über ein Produkt oder eine Dienstleistung zu erkundigen? Der Aufbau eines Telefonats ist je nach Anlass verschieden – je besser die Orientierung, umso strategischer, strukturierter und Erfolg versprechender können Sie den Aufbau gestalten!

P = Positive Grundeinstellung

Betrachten Sie das Thema „Telefonische Terminvereinbarung" einmal aus einer ganz anderen Perspektive: Konzentrieren Sie sich nicht ausschließlich auf den Gesprächsverlauf und auf die so genannte Telefonrhetorik, sondern auf die Phase vor dem Telefonat: Denn der spontane und unvorbereitete Griff zum Telefonhörer führt nur selten zum Erfolg. Nutzen Sie den Vorteil, dass Sie sich Ihre Tätigkeit selbst einteilen können: Sie können den Zeitpunkt des Telefonats selbst planen und sich optimal auf das Terminvereinbarungsgespräch vorbereiten. Haben Sie einmal darauf geachtet, was sich bei Ihnen „zwischen den Ohren" abspielt, bevor Sie zum Telefonhörer greifen und in das Akquisetelefonat einsteigen?

Q = Qualifikation des Ansprechpartners

In vielen Fällen besteht für den Verkäufer das Ziel nicht darin, lediglich einen Termin zu erhalten. Er braucht einen qualifizierten Termin. Die Strategie der Qualifikation des Ansprechpartners läuft in ihren Grundzügen folgendermaßen ab: Der Anrufer formuliert seine Gesprächseröffnung, an Stelle der offenen Frage wird das für den Gesprächspartner gewünschte bzw. erforderliche Qualifikationsmerkmal erwähnt und anschließend mit einer geschlossenen Frage eine strikte Unterteilung herbeigeführt. Die extreme Provokation zu einem „ja" oder zu einem „nein" – ohne eine weitere Alternative – hat in diesem Fall das Ziel, nach einer positiven Bestätigung das Gespräch weiter fortzuführen, während nach einer negativen Aussage das Gespräch als nicht nutzbringend eingestuft und beendet werden kann. Es ist sinnvoll, die Qualifikation des Gesprächspartners möglichst zu Beginn des Telefonats zu prüfen. So vermeiden Sie, Ihre wertvolle Zeit mit „unqualifizierten" Kontakten zu verschwenden.

R = Reaktivierung von Altkontakten

Insgesamt zeichnet sich der Trend der Unternehmen, den Kundendialog in den Mittelpunkt ihrer Aktivitäten zu stellen, immer mehr ab. Mit geschickten Fragen wie zum Beispiel „Was hat Ihnen besonders daran gefallen?", können Sie deutlich positiven Einfluss auf den Gesprächsverlauf nehmen. Eine wirksame Gesprächseröffnung zur Reaktivierung von Altkontakten ist z. B.: „Grund des Anrufs, Herr …: Sie sagten beim letzten gemeinsamen Telefonat Ende letzten Jahres, dass das Budget erschöpft ist und Sie bis heute dieses Thema nochmals neu überdenken wollten. Sie hatten damals darum gebeten, in diesem Monat nochmals den Kontakt mit Ihnen aufzunehmen, um über die Möglichkeit externer Neukundengewinnung und gleichzeitig über die Entlastung Ihrer Vertriebsmitarbeiter zu sprechen. Welchen Stellenwert haben diese Themen augenblicklich für Ihren Betrieb?"

S = Strategie

Der dritte wesentliche Erfolgsfaktor neben einer positiven Grundeinstellung und einer hohen Identifikation ist die Anwendung klarer, erfolgsorientierter Strategien am Telefon. Lernen Sie, das Instrument

Telefon so effizient wie möglich zu nutzen: Die Einsatzmöglichkeiten für eine gezielte Erschließung von Neukontakten sind vielfältig. Von wesentlicher Bedeutung für die Art des Vorgehens, für das Sie sich entscheiden, ist natürlich, ob Sie auf bestehende Adressen (Bestandskunden) zurückgreifen können oder ob Sie darauf angewiesen sind, überwiegend Neukunden zu gewinnen. Machen Sie sich mit den unterschiedlichen Strategien zur telefonischen Terminvereinbarung vertraut.

T = Termin

Sie werden sicher zustimmen: Auch wenn Sie eine noch so charismatische Ausstrahlung besitzen, in Ihrer Präsentationstechnik perfekt sind, über eine hohe Identifikation mit Ihrem Produkt und Ihrem Unternehmen verfügen und auch noch die Fähigkeit haben, den Kunden zielsicher zum Abschluss zu führen, haben Sie ohne Termin keine Chance, diese verkäuferischen Stärken einzusetzen! Sie können sich selbst motivieren, indem Sie ein Chart auf den Schreibtisch stellen, das Sie während des Telefonierens immer wieder daran erinnert: Ziel ist der Termin!

U = Unterscheidung zwischen Vorwand und Einwand

Bringt der Gesprächspartner nur einen Vorwand („keine Zeit") oder hat er wirklich einen begründeten Einwand („haben ein ähnliches Produkt bereits getestet"). Dies herauszufinden, ist ein wesentlicher Punkt auf dem Weg zum erfolgreichen Telefonakquisiteur. Auch, wenn es zu den beiden Begriffen unzählige Definitionen gibt, ist die Unterscheidung doch recht einfach: Beim Vorwand baut der Kunde Stein für Stein eine Mauer auf, äußert meistens pauschale Zurückweisungen und der Verkäufer läuft sprichwörtlich „vor die Wand". Anders beim Einwand, bei dem meist ein konkreter Ansatzpunkt erkennbar ist. Der Kunde hat also gezielt etwas gegen die Person des Verkäufers oder das Produkt bzw.

die Dienstleistung einzuwenden. Bei geäußerten Vorwänden haben Sie als Verkäufer nicht allzu viele Möglichkeiten. Anders bei einem Einwand. Hier können Sie mit einer geschickten Einwandbehandlung sehr viel erreichen und aus dem „Nein" eines Kunden zumindest ein „Vielleicht" oder sogar ein „Ja" (zur Terminvereinbarung bzw. zum Kauf) machen.

V = Verkäuferische Fähigkeiten

Am Telefon sind Sie darauf angewiesen, dass Sie alles, was Sie dem Gesprächspartner vermitteln wollen, über Ihre sprachlichen Fähigkeiten ausdrücken. Ihre persönliche Verkaufsrhetorik hat somit am Telefon einen noch höheren Stellenwert als beim Kundentermin vor Ort. Ihre verkäuferische Fähigkeit, die Widerstände des Kunden im Dialog aufzuweichen und einen Termin zu erreichen, ist der zentrale Erfolgsfaktor bei der Akquise. Nicht die „Produktprofessoren" erzielen die höchsten Umsatzergebnisse, sondern diejenigen, die über eine solide fachliche Grundausbildung verfügen und ihr Ziel mit verkäuferischem Geschick verfolgen.

W = Wählversuche

Oft hört man, dass acht oder neun Uhr morgens auf jeden Fall zu früh, die Mittagszeit nicht geeignet und am frühen Abend ohnehin niemand mehr zu erreichen ist. Außerdem ist der Jahresanfang eine äußerst ungünstige Zeit, da bekanntlich viele Selbständige mit der Inventur beschäftigt sind und andere genau dann in den Skiurlaub fahren. Und am wenigsten sinnvoll ist Telefonakquise überhaupt im allgemein bekannten und oft zitierten Sommerloch. Machen Sie sich von diesen Vorstellungen frei! Natürlich ist es etwas mühsamer, sein erforderliches Terminkontingent in den Monaten Juli oder August zu erreichen. Erhöhen Sie die Anzahl der Wählversuche, dann werden Sie das gleiche Ergebnis erzielen wie außerhalb der Urlaubsmonate!

XY = Die großen Unbekannten

So mancher Verkäufer verliert während eines Telefonats durch ungewöhnliche Fragen oder unvorhersehbare Einwände den Faden. Lassen Sie sich von den großen unbekannten Reaktionen der Kunden nicht aus dem Konzept bringen. Bewahren Sie bei einem Telefonat Ruhe und lenken Sie das Gespräch wieder in die gewünschten Bahnen, konzentrieren Sie sich auf Ihr Konzept.

Z = Zusammenfassung und Gesprächsabschluss

Zum Abschluss des Telefonats empfiehlt es sich, das gemeinsame Ergebnis nochmals kurz zusammenzufassen und den vereinbarten Zeitpunkt zu wiederholen. So beugen Sie eventuellen Missverständnissen bezüglich des Termindatums und der Uhrzeit vor. Eine detaillierte Wegbeschreibung oder auch die Frage nach der Parkplatzsituation sind bewährte Aufhänger, die ein abruptes Gesprächsende verhindern. Der positive Effekt der abschließenden kurzen und freundlichen Kommunikation ist eine erhöhte Verbindlichkeit, die zwischen Ihnen und Ihrem Gesprächspartner entsteht. Und wenn Sie sich dann mit einem freundlichen Gruß oder Wunsch, zum Beispiel mit: „Dann wünsche ich Ihnen noch eine angenehme Arbeitswoche!" verabschiedet haben, sind die besten Voraussetzungen für den anstehenden Termin geschaffen.

Der Autor

Nach dem Jurastudium hat Klaus-J. Fink im Bereich steuerbegünstigter Immobilien und Kapitalanlagen Verkaufserfahrungen gesammelt. Bei marktführenden Unternehmen war er für die Aus- und Weiterbildung von Telefonakquisiteuren und für das Telefontraining im Außendienst verantwortlich. Seit mittlerweile mehr als zehn Jahren gilt er als deutschlandweit anerkannter Erfolgstrainer für Telefonmarketing. In der Finanzdienstleistungs- und Immobilienbranche wird er von vielen als die Nummer eins in Sachen Telefonmarketing angesehen. Weitere Schwerpunkte sind telefonische Terminvereinbarung, professionelles Empfehlungsmarketing und Neukundengewinnung

Neben Schulungen „Rund um das Telefon" führt Klaus-J. Fink auch Training-on-the-Job-Maßnahmen sowie Train-the-Trainer-Seminare durch.

Klaus-J. Fink ist Buchautor und Herausgeber von Video- und Audiotrainings. Gleichfalls bei Gabler erschienen ist das Buch „Empfehlungsmarketing".

Wenn Sie Kontakt mit dem Autor aufnehmen möchten, wenden Sie sich bitte an:

Klaus-J. Fink
Telefontraining
Im Musfeld 7, 53604 Bad Honnef
Telefon (0 22 24) 8 94 31, Telefax (0 22 24) 8 95 20

Internet: www.fink-telefontraining.de
E-Mail: info@fink-telefontraining.de